Responsables éditoriaux : Stéphane Avram & Hervé Tournier
en collaboration avec Dieter Konasch

Conception et réalisation : *AUTRE*VUE (France, Rhône)
Traduction anglaise : European-translation (Grande-Bretagne)
Impression : FOT (France, Rhône)
Papier : Magno Satin distribué par Antalis
Façonnage : SIRC (France, Aube)

ISBN : 2-915688-09-5

Autre Vue présente

villes et villages de
HAUTE-SAVOIE

Photographies de GILLES PIEL

Textes de JEAN-RENÉ FARRAYRE - MICHEL GERMAIN

DES PALAFITTES A LA MECATRONIQUE

Vous parler des villes et des villages, c'est vous parler des Hommes. C'est découvrir pourquoi et comment, ces Hommes se sont installés entre Rhône et Mont-Blanc ; c'est essayer de comprendre comment ils ont bâti leur habitat, cultivé la terre, dompté l'énergie, en un mot, c'est vivre avec eux leurs heurts et leurs malheurs.

Il y a fort longtemps, ce qui allait devenir un jour la Haute-Savoie n'était qu'un pays de montagnes fortement enneigées balayées par des vents violents. Les nombreux glaciers qui descendaient des hauteurs, fondaient doucement sous l'effet du réchauffement de la planète, laissant derrière eux de magnifiques lacs alpins. La plupart du pays était couvert de forêts profondes et les espaces en prairies étaient rares.

To talk to you about towns and villages, is to talk to you about Men. It is discovering why and how these Men came to settle here between the Rhône and Mont-Blanc ; it is trying to understand how they built their habitat, cultivated the land, controlled their energy: in a word, it is experiencing with them their ups and downs and their misfortunes.

A very long time ago, what was one day to become Haute-Savoie was nothing but a region of snow-covered mountains blasted by strong winds. The numerous glaciers which came down from the high ground melted gently as the planet became warmer, leaving behind them magnificent alpine lakes. The majority of the region was covered with dense forests and meadows and open spaces were a rarity.

Les premiers hommes sont arrivés ici, il y a un peu plus de 70 000 ans. Cueilleurs et chasseurs, ils s'installent dans des grottes, comme celle de la grotte de Baré (Onnion). Mais il fait froid, très froid et les glaciers raclent encore les fonds de vallées. 35 000 ans plus tard, arrivent d'autres hommes qui restent encore dans les abris rocheux, comme à Bossey. Quelques milliers d'années avant J.C., on trouve toujours des hommes dans les grottes comme à la Balme-de-Thuy. Plus près de nous, mais il y a cependant bien longtemps, des hommes s'implantent sur les rives des lacs et des cours d'eau, autant de voies de passage. Il nous faut, ici, tordre le cou aux cités lacustres enseignées avec délice par nos hussards noirs de la République à nos chères têtes blondes. Certes, les Palafittes habitent bien dans des maisons bâties sur pilotis - il nous en reste quelques unes dans le lac d'Annecy – mais ces pilotis étaient dressés loin des lacs ou des rivières et servaient à éviter les crues et à se protéger des bêtes sauvages comme les ours, les lynx ou les loups.

Ces hommes firent des enfants certes, mais surtout d'autres vinrent, avec leurs femmes bien sûr, et enfantèrent sur la terre de Sabaudia. Chasseurs et cueilleurs comme leurs ancêtres, ils travaillent le bronze (armes et outils) et abattent pour cela de nombreux arbres.

Plus tard encore, au millénaire d'avant Jésus, les Allobroges trouvent l'endroit à leur goût. Peuple celte, parent des Séquanes et des Helvètes, ils repoussent les Ceutrons dans les montagnes hostiles, se gardant les bonnes terres. En effet, les tribus implantées ici vivent essentiellement de l'agriculture, de l'élevage, de la pêche et utilisent le bois d'épicéas qui ne manque pas pour leurs constructions notamment. Ils nous laissent comme souvenir sept dolmens, dont celui dit de la Pierre aux fées, à Reignier.

En 122 avant J.C., pour certains c'est la catastrophe. Domitien Ahénobarbus écrase les Allobroges et la Sabaudia devient une province romaine. Les Romains sont des gens besogneux qui, à l'ombre de la Pax romana, ils ouvrent des routes. Commence alors l'époque où tous les chemins mènent à Rome. Ainsi une via est particulière-ment importante : celle qui relie Roma à Geneva, via Ad Publicanos (Conflans) et Casuria (Viuz-Faverges). Une autre voie passe par Condate (Seyssel) pour rejoindre Genève. Remercions Lucius Tincius Pacculus qui fit ouvrir à grands renforts d'esclaves la voie qui franchit le défilé de Dingy-Saint-Clair et que l'on emprunte toujours aujourd'hui.

Gaulois et Romains se mélangent pour nous donner les Gallo-romains, célèbres pour leurs villas. Il ne s'agit nullement de villas de luxe, mais plus simplement de grosses fermes, comme celle du riche propriétaire Annessius, qui s'étend sur la colline qui domine le lac, ou celle d'Asis, en pays faucignerand, qui donnera Ayze.

The first men arrived here a little over 70,000 years ago. Hunters and gatherers, they settled in the caves, like the cave of Baré (Onnion). But it was cold, very cold and the glaciers were still scraping the valley floors. 35,000 years later, other men arrived, who also lived in rocky shelters, such as the one at Bossey. A few thousand years B.C., there were still men living in caves like at Balme-de-Thuy. More recently, but still a very long time ago, men began to make their homes on the shores of lakes and watercourses, which were major routes. Here we have to quash the idea of lakeside dwellings shown with delight by our black hussars of the Republic to our dear blond heads. Certainly, the Palafittes lived in houses built on piles – some still remain in the lake at Annecy – but these piles were erected far from the lakes and rivers and were designed to avoid floods and to protect themselves from wild animals such as bears, lynxes and wolves.

These men produced children, of course, but others also arrived, with their women, and produced children of their own in the lands of Sabaudia. Hunters and gatherers like their ancestors, they worked with bronze (weapons and tools) and chopped down numerous trees to do so.

Even later, in the thousand years before Jesus, the Allobroges found the place to their liking. A Celtic people, related to the Sequani and the Helvetii, they pushed the Ceutrons back into the hostile mountains, keeping the good lands for themselves. In fact, the tribes who came to live here lived essentially from agriculture, cattle rearing and fishing, and used spruce wood, of which there was no shortage, for their building. Behind them, as a reminder of their presence, they left seven dolmens, including the one called la Pierre aux fées (the fairies' stone), at Reignier.

The year 122 B.C. was catastrophic for some. Domitien Ahénobarbus crushed the Allobroges and Sabaudia beca-me a province of Rome. The Romans were industrious people who, sheltered by the Pax romana, opened roads. This was the beginning of the period in which all roads led to Rome. One route was particularly important: the one linking Rome with Geneva, via Ad Publicanos (Conflans) and Casuria (Viuz-Faverges). Another route passed through Condate (Seyssel) on its way to Geneva. We have Lucius Tincius Pacculus to thank for opening, with the use of considerable slave labour, the route which crosses the Dingy-Saint-Clair gorge and which we still use today.

Gauls and Romans intermingled to give us Gallo-Romans, famous for their villas. These were not luxury villas at all, but simply large farms, like that of the rich owner Annessius, which stretches over the hill overlooking the lake, or that of Asis, in the Faucigny region, which would give Ayze.

5

À partir du IIIè siècle, la région est parcourue par des tribus descendues du nord, pays où il doit faire plus froid. Mais au VIè siècle arrivent les Francs, Saliens ou Ripuaires cela ne change rien. Depuis le IVè siècle, des moines parcourent le pays. C'est le temps où l'Eglise apostolique et romaine s'implante avec force dans les campagnes européennes, s'appropriant sans scrupules des terres immenses qu'elle loue fort cher à des paysans. Ainsi par ici, naissent plusieurs monastères qui s'emparent d'une grande partie de nos montagnes et de nos forêts : les moines de Tamié, de Talloires, d'Abondance, d'Entremont ou de Saint-Jean d'Aulps ou bien encore du Reposoir ou de Mélan lancent un vaste programme d'essartage, multipliant ainsi la surface cultivable de la Sabaudia. Les agriculteurs, alleutiers, métayers ou serfs, sur les manses pratiquent la polyculture à base de céréales, résistantes au froid comme le seigle ou le blé dur, et de racines comme les raves par exemple. Pour pêcher, il faut souvent l'autorisation des moines, « propriétaires » par bulles pontificales, des lacs et des rivières ; même situation pour le gibier ou le bois des forêts « propriétés » de l'Eglise. Les moines taxent et perçoivent les péages multiples.

Petit à petit, ces religieux sont concurrencés par de petits nobliaux qui s'arrogent les mêmes droits. Chevaliers défenseurs de la veuve et de l'orphelin voués à la guerre et à la défense des petits, ils font travailler les serfs et les métayers dans les campagnes qu'ils s'approprient par les armes, par mariages ou parfois par décisions pontificale ou comtale. Les conflits entre les pouvoirs spirituels et les pouvoirs temporels sont légions. Les châteaux sortent de terre et marquent les points sensibles ou gardent les passages obligés.

Et les villages et les villes me direz-vous ? Tout d'abord, des villes il n'en existe véritablement qu'une, Annecy et encore. Mais, tous les bourgs naissants ont une raison d'être. Le plus souvent, il s'agit de surveiller une vallée, de garder un pont, un col ou un carrefour de voies, car depuis le milieu du Moyen-Âge les échanges, nés avec les Romains dans nos régions, prennent de l'ampleur. Cela reste encore modeste car le franchissement des Alpes est quasiment impossible à travers le massif du Mont-Blanc et ses abords, durant de longs mois d'hiver. Les villages naissent et se développent souvent autour d'une maison forte, où habitent un seigneur ou parfois un vassal et quelques soldats envoyés là par le sire local.

Le Moyen-âge voit également poindre un embryon d'industrie. On utilise la force motrice des cours d'eau, lorsque ceux-ci ne sont pas trop farouches. Moulins, fonderies, martinets et autres battantes se développent au gré des habitants et surtout des volontés seigneuriales. On exploite quelques mines de charbon et de fer, ou d'autres minerais, relativement difficiles d'accès. On développe des scieries, des verreries, des filatures et autres ateliers de tissage. Noblesse et clergé contrôlent les productions, les ventes et s'enrichissent sans état d'âme.

From the 3rd century onwards, the region was overrun by tribes descending from the north, from countries where the climate must have been colder. But in the 6th century the Franks arrived, regardless of whether they were Salien or Ripuaire. From the 4th century, monks began to arrive in the region. This was the time when the apostolic and Roman Church installed itself forcibly in the European countryside, unscrupulously taking over huge swathes of land which it then rented to the peasants at a high price. Thus, several monasteries sprang up in these parts, taking over a large portion of our mountains and our forests: the monks of Tamié, Talloires, Abondance, Entremont and Saint-Jean d'Aulps, and even Reposoir and Mélan, began a huge programme of land clearing, thereby multiplying the land available for crops in the Sabaudia. Farmers, non-feudal landowners, tenant farmers and serfs grew a variety of cereal crops which were resistant to the cold, such as rye and durum wheat, and root crops such as turnips, for example. In order to fish, it was often necessary to obtain authorisation from the monks, who were granted "ownership" of the lakes and rivers by papal bulls; the same applied to game and wood from the forests which "belonged" to the Church. The monks imposed taxes and received a wide variety of tolls.

Little by little, competition for these monks came from petty noblemen who claimed the same rights. These knights who defended widows and orphans, devoted to war and the defence of the little people, put the serfs and tenant farmers to work in the fields which they had gained through arms, marriage or sometimes by papal decree or decisions taken by the count. Conflicts between the spiritual and temporal powers were legion. Châteaux sprang up from nowhere and marked sensitive points or guarded points of obligatory passage.

And what about the towns and villages, I hear you ask? First of all, there was really only one town: Annecy. But all the emerging villages had their raison d'être. Most often, they were there to overlook a valley, guard a bridge, a mountain pass or a crossroads, because the Middle Ages was a time when trade, which had begun with the Romans in our regions, was becoming ever more widespread. It was still modest though, because crossing the Alps was practically impossible across the Mont-Blanc massif and its approaches, during the long winter months. Villages came into being and developed, often around a small fort, which was home to a lord or sometimes a vassal and a few soldiers sent by the local lord.

The Middle Ages also saw the emergence of an embryonic industry. They used the driving force of watercourses, when they were not too fierce. Mills, foundries, tilt hammers and other devices developed according to the taste of the inhabitants and, above all, the will of the overlords. A few coal and iron mines were operated, as were mines for other ores, relatively difficult to reach. They developed sawmills, glass factories, spinning mills and other weaving workshops. The nobility and the clergy controlled the production and the sales, and enriched themselves with no qualms whatsoever.

Mais ces activités ne sont rien en regard de la principale activité qui vaille par ici : l'agriculture et surtout l'élevage des vaches laitières. Sélectionnées au fil des âges, les « Abondances » sont devenues la reine de nos alpages. On « emmontagne » et on « démontagne » depuis des temps immémoriaux. Le travail du lait est primordial.

Oui mais voilà, il est cependant bien difficile de vivre au pays. Les enfants, nés dans des familles toujours nombreuses, émigrent vers Genève, Paris ou Vienne. Ils sont militaires, rarement ramoneurs, mais l'image nous colle à la peau et elle nous plait bien. Parfois, ils émigrent fort loin : un Thônain fera fortune à la Nouvelle-Orléans, et un Savoyard sera même bourgmestre de Vienne, sans compter ceux qui « feront fortune » dans les armées françaises.

L'hiver est sombre et long au pays de Savoie, les activités agricoles sont au ralenti et le Savoyard s'ennuie. Façon de vous dire qu'il va trouver de quoi s'occuper. Les paysans des montagnes environnant la longue vallée de l'Arve fabriquent, bien que mal payés, de petites pièces pour les ateliers d'horlogerie genevois. Mais le Genevois est méfiant et jamais il ne divulgue comment se fabrique une montre au Savoyard. Ainsi est né le décolletage dans la vallée de l'Arve.

Et nous voilà au XIXè siècle. Les Savoyards tourneboulés par la Révolution française se sont engagés, pour les intellectuels derrière les idées révolutionnaires et pour d'autres dans les armées révolutionnaires et lorsque Napoléon partira pour Sainte-Hélène, le département du Mont-Blanc comptera plusieurs dizaines d'officiers, de généraux ou de nobles d'empire, à l'image du général Dessaix. En 1801, on compte 193 394 habitants.

De 1815 à 1860, le Buon Governo de Turin fait faire quelques travaux en Savoie, histoire de montrer qu'il tient à cette région qui lorgne de plus en plus vers la France. Par exemple, on améliore la circulation dans les villes, on construit des routes et des ponts, comme le pont suspendu de la Caille.

Mais le premier grand tournant se situe à partir du printemps 1860, avec l'Annexion par la France de Napoléon III. Le nouveau département compte 267 496 habitants. Toute l'infrastructure économique, patiemment mise en place depuis quelques siècles, va se craqueler sous l'effet de l'ouverture des marchés. Les mines de charbon et de minerais sont abandonnées et les verreries, certains ateliers de tissage ou de filature ferment leurs portes. Heureusement des entrepreneurs suisses s'intéressent à la Haute-Savoie naissante, car ils font confiance en une main-d'œuvre travailleuse et docile. Et des grandes entreprises, toujours là aujourd'hui, apparaissent : la S.R.O. (S.N.R. actuelle) ou Staubli par exemple.

Ils sont aidés par Aristide Bergès, qui découvre que l'on peut fabriquer du courant électrique avec de l'eau. Et l'eau ne manque pas par ici. Et si la Roche-sur-Foron est la première ville d'Europe éclairée à l'électricité (1885), la Houille blanche va donner un petit coup de fouet à l'industrie haut-savoyarde.

But these activities were nothing compared to the main activity in these parts: agriculture and particularly the rearing of dairy cows. Selected through the ages, "Abondance" cows became the queen of our mountain pastures. Cows have been herded up the mountain and brought back down again since time immemorial. Working with milk is primordial.

Having said that, it was still very difficult to make a living in the region. Children, born into families which were still large, emigrated to Geneva, Paris or Vienna. They were soldiers, rarely chimney sweeps, but the image sticks to us and we like it a lot. Occasionally, they emigrated further afield: a native of Thônes would make his fortune in New Orleans, and a Savoyard even went on to become burgomaster of Vienna, not to mention those who would "make their fortune" in the French armed forces.

Winter is dark and long in the Savoy region, agricultural activities slow down and the Savoyard gets bored. This is another way of saying that he will find some way of occupying his time. The peasants in the mountains around the long Arve valley manufactured, although badly paid, small parts for watch and clockmakers in Geneva. But the Genevan is wary and would never tell the Savoyard how a watch is made. Thus the bar-cutting industry was born in the Arve valley.

And that brings us up to the 19th century. The Savoyards, put into a whirl by the French Revolution, were committed, some as intellectuals behind the revolutionary ideas and others in the Revolutionary armies, and when Napoleon left for Saint Helena, the département of Mont-Blanc would have several dozen officers, generals or nobles of the empire, in the image of general Dessaix. In 1801, there were 193,394 inhabitants.

From 1815 to 1860, the Buon Governo of Turin had a number of works carried out in Savoy, in an attempt to show its attachment to this region, which looked more and more towards France. For example, traffic was improved in towns, and roads and bridges were built, including the la Caille suspension bridge.

But the first major turning point came in the spring of 1860, with Annexation by Napoleon III's France. The new département had 267,496 inhabitants. The whole economic infrastructure, patiently put into place over a number of centuries, would start to crack under the effect of opening markets. The coal and ore mines were abandoned and the glassworks and some weaving workshops and spinning mills closed their doors. Fortunately, Swiss entrepreneurs took an interest in the burgeoning Haute-Savoie, confident they would have a hard-working and obedient workforce. And large companies appeared, which are still there today: S.R.O. (the current S.N.R.) or Staubli, for example.

They were helped by Aristide Bergès, who discovered that you could make electric current using water. And there was no lack of water around here. And while Roche-sur-Foron was the first town in Europe to be lit by electricity (1885), hydroelectric power would provide a small crack of the whip for industry in Haute-Savoie.

La fin du XIXè siècle voit l'âge d'or du rail. La construction de la ligne de chemin de fer d'Aix-les-Bains – Annemasse, via Annecy, s'échelonne de 1865 à 1884. En 1898, les ronflantes locomotives crachant fumée et vapeur arrivent en gare de Saint-Gervais-les-Bains. En 1901, le train arrive à Chamonix, puis Vallorcine en 1908.

La « railwaymania » entraîne les hommes à monter à l'assaut des montagnes avec le rail. En 1852, un train à crémaillère part à l'assaut du Salève depuis Etrembières. La Société de Chemin de Fer Economique du Nord ouvre 64 kilomètres de lignes au départ d'Annemasse vers les vallées de la Menoge et du Giffre. En 1898, la compagnie du Tramway Annecy Thônes déverse ses premiers passagers à Thônes. En 1909, le train atteint la Mer de Glace et cinq ans plus tard, le rail amène touristes et visiteurs sur le glacier du Bionnassay.

L'aménagement ferroviaire accélère le développement économique, touristique et humain. On favorise ainsi les échanges, mais la voie ferrée permet aussi de faire circuler un plus grand nombre de visiteurs que l'on commence à appeler touristes.

Le Syndicat d'initiative d'Annecy, créé en 1895, est le deuxième de France. Des hommes qui croient en l'avenir touristique de notre département investissent et se battent pour sa réussite.

Le tourisme débute avec l'alpinisme de haute volée dans les montagnes englacées et escarpées du massif du Mont-Blanc. Chamonix accueille des Genevois ou des Britanniques, qui partent à l'assaut du massif alpin. Puis, la villégiature restant une affaire de riches, la jet-set anglaise débarque dans des palaces édifiés tant sur les rives du lac d'Annecy que sur les rives lémaniques. Là, l'afflux touristique est renforcé par les possibilités thermales d'Evian ou de Thonon.

Industrie et tourisme naissants ne modifient pas fondamentalement l'économie haut-savoyarde. Pays rural, notre département est non seulement peu urbanisé, mais en plus la population ne cesse de décroître. La population « descend » jusqu'à 235 683 âmes en 1921, après avoir été de 263 803 en 1900. La vie est difficile et l'émigration se poursuit. Si la Première guerre mondiale saigne à blanc nos campagnes - près de 10 % de la population est restée dans les tranchées - la Seconde guerre mondiale finit de ralentir considérablement l'essor économique entrevu au début du siècle.

Heureusement, le grand bond des années soixante réveille la Haute-Savoie. Sous l'impulsion du président du Conseil général, Arthur Lavy, notre département connaît un essor sans précédent. On multiplie les voies de communication. L'état perce le tunnel sous le Mont-Blanc, inauguré en 1965 par le général de Gaulle et le président Guiseppe Saragat. « L'Autoroute blanche » le relie bientôt à Genève, tandis qu'une autoroute trace l'avant-pays alpin de Chambéry à la vallée de l'Arve.

The end of the 19th century saw the golden age of the railway. The building of the railway line from Aix-les-Bains to Annemasse, via Annecy, was spread out from 1865 to 1884. In 1898, roaring locomotives spitting smoke and steam arrived at Saint-Gervais-les-Bains station. In 1901, the train arrived in Chamonix, then Vallorcine in 1908.

"Railwaymania" led men to use the railway to lead an assault on the mountains. In 1852, a rack railway began its assault on the Salève from Etrembières. The Société de Chemin de Fer Economique du Nord opened 64 kilometres of lines from Annemasse towards the valleys of la Menoge and le Giffre. In 1898, the Tramway Annecy Thônes company unloaded its first passengers in Thônes. In 1909, the train reached the Mer de Glace, and five years later the railway took tourists and visitors to the Bionnassay glacier.

The development of the railway accelerated economic, tourist and human development. Trade was encouraged, but the railway also allowed a larger number of visitors, who they were now starting to call tourists, to be moved around.

The Annecy tourist information office, created in 1895, was the second in France. Men who believed in the future of tourism in our département invested and fought for its success.

Tourism began with top-flight mountaineering in the steep, icy mountains of the Mont-Blanc massif. Chamonix welcomed Genevans and people from as far afield as Britain, who left to lead the assault on the Alpine massif. Then, with holidays remaining a pursuit for the rich, the English jet-set disembarked in palaces built on the shores of both the lake at Annecy and Lake Geneva. There, the influx of tourists was reinforced by the possibilities of thermal baths in Evian and Thonon.

Budding industry and tourism did not fundamentally change the economy of Haute-Savoie. Being a rural area, our département was not only slightly built-up, but the population continued to decrease. The population "fell" to 235,683 in 1921, having been 263,803 in 1900. Life was difficult and emigration continued. While the First World War bled our fields dry – almost 10% of the population did not return from the trenches – the Second World War considerably slowed down the economic expansion which had taken place at the start of the century.

Fortunately, the great leap forward in the 1960s awoke Haute-Savoie. Under the impetus of the president of the Departmental Council, Arthur Lavy, our département experienced an unprecedented boom. The number of communication routes was increased. The state drilled a tunnel under the Mont-Blanc, opened in 1965 by General de Gaulle and the President Guiseppe Saragat. "L'Autoroute blanche" ("the white motorway") soon linked it with Geneva, while a motorway crossed the alpine region of Chambéry to the Arve valley.

La Haute-Savoie joue la carte des industries de pointe et de l'électronique. Le décolletage de la vallée de l'Arve s'impose dans le monde entier, témoin le Salon du Simodec. La recherche se développe, à Archamps ou dans les pôles de compétitivité comme celui d'« Arve Industrie Haute-Savoie Mont-Blanc » du côté de Cluses, par exemple. Des zones industrielles et artisanales fleurissent, bientôt relayées par des zones commerciales impressionnantes.

Le tourisme de masse se développe avec des sports d'hiver de plus en plus à la portée du plus grand nombre et un tourisme de moyenne montagne, voire rural, vient le renforcer à la fin du XXè siècle.

Ajoutons que plus de 50 000 Haut-Savoyards vont chaque jour travailler en Suisse et l'on comprendra l'essor démographique et urbain de la Haute-Savoie.

En 1962, on recense 371 000 habitants et en 1990 plus de 569 000 âmes. Les afflux extérieurs sont importants car le travail ne manque pas. L'hémorragie rurale est stoppée à partir de 1962. Les villes croissent rapidement et il vaut mieux parler d'agglomération pour mieux comprendre le phénomène. Annecy, Annemasse, Cluses et Thonon accueillent de plus en plus de citadins et s'étendent chaque jour un peu plus. Il est cependant important de préciser que, le niveau de vie augmentant, les gens cherchent de plus en plus à vivre à la campagne.

Et aujourd'hui ? La Haute-Savoie compte près de 700 000 habitants en 2007, venus pour plus de la moitié de l'extérieur du département. La population s'accroît de près de 8 000 personnes par an, soit 1,2 %. De plus près d'un tiers des Haut-savoyards ont moins de 25 ans.

Il s'agit d'une population jeune et pour en être convaincu, il suffit de regarder le nombre d'établissements scolaires, de la maternelle à l'université, ouverts dans le département. Les Municipalités, les Conseils général et régional l'ont bien compris en investissant massivement pour cette jeunesse, atout pour l'avenir. Les lycées techniques ou professionnels, l'université installée à Annecy et Annecy-le-Vieux, ainsi qu'à Archamps, sont en pointe et forment des étudiants de haut niveau, en prise directe avec les hautes technologies. Ne prépare-t-on pas, notamment, un diplôme en « Intelligence artificielle » ?

La principale activité des Haut-Savoyards n'est pas, comme le veut notre image traditionnelle, l'agriculture, mais belle et bien l'industrie : essentiellement une industrie de pointe tirée par une haute technologie de plus en plus sophistiquée. Il existe dans ce département des entreprises dont la renommée mondiale n'est plus à faire comme Avions Dassault, Dynastar, les Eaux d'Evian, Entremont, Mobalpa, Salomon, S.N.R., Somfy, Sopra, Staubli, Tefal… Mais, le tissu industriel s'enorgueillit d'une multitude de P.M.E. (artisanat) et de P.M.I. (surtout dans le décolletage). Le taux de chômage, en baisse, est plus bas que dans toute la France, 6,4 % en 2006. Les spécialistes espèrent 5% en 2007. Mieux, certaines branches économiques, comme le décolletage, le bâtiment et l'hôtellerie ou la restauration, cherchent en vain des bras.

Haute-Savoie played the high-tech industries and electronics card. Bar-cutting in the Arve valley became prominent on a world level, witness the Simodec Fair. Research was developed, in Archamps and in the areas of competitiveness such as that of "Arve Industrie Haute-Savoie Mont-Blanc" near Cluses, for example. Industrial and craft industry areas flourished, and the baton was soon taken by impressive shopping areas.

Mass tourism was developed with winter sports, increasingly within reach of a greater number of people, and mid-mountain tourism, even rural tourism, strengthened this at the end of the 20th century.

If we add that more than 50,000 Haut-Savoyards go to work every day in Switzerland, you will understand the demographic and urban development of Haute-Savoie.

In 1962, the census recorded 371,000 inhabitants, and in 1990 that figure had increased to more than 569,000. Influxes from outside were large because there was no shortage of work. The haemorrhaging of the rural community came to a halt from 1962 onwards. The towns grew rapidly and it would be better to talk about a built-up area to improve our understanding of the phenomenon. Annecy, Annemasse, Cluses and Thonon welcomed more and more citizens and spread a little further every day. It is, however, important to specify that, with an increasing standard of living, people looked more and more to live in the countryside.

And what about today? Haute-Savoie has more than 700,000 inhabitants in 2006, more than half of them coming from outside the département. The population is increasing by almost 8,000 people a year, which equates to 1.2%. What's more, almost a third of Haut-Savoyards are younger than 25 years old.

This is a young population and if you need convincing, you need only look at the number of school establishments, from nurseries to university, which have opened in the département. The Municipal, Departmental and regional councils have clearly understood by investing massively in these young people, an asset for the future. The technical and professional schools, the university set up in Annecy and Annecy-le-Vieux, as well as in Archamps, are at the cutting edge and are training high-level students, tuned into the high technologies. Are they not preparing, to take a notable example, a diploma in "Artificial Intelligence"?

The principal activity of Haut-Savoyards is not, as our traditional image would have it, agriculture, but industry: essentially a high-tech industry drawn by ever more sophisticated high technology. There are companies in the département whose world renown is not in doubt, such as Avions Dassault, Dynastar, Eaux d'Evian, Entremont, Mobalpa, Salomon, S.N.R., Somfy, Sopra, Staubli, Tefal and so on. But the industrial fabric prides itself on a multitude of SMEs (craft industry) and SMIs (particularly in bar-cutting). The unemployment rate is going down, and is lower than in the whole of France, with a figure of 6.4% in 2006. The specialists expect this to fall to 5% in 2007. What is even better is that certain branches of the economy, such as bar-cutting, construction and the hotel and restaurant trade, are constantly looking for workers.

La recherche n'est pas en peine comme le prouvent la technopole d'Archamps, la « première technopole Euro-Suisse » en plein essor ou des laboratoires très performants comme le Lapp, à Annecy-le Vieux ou bien encore le pôle de compétitivité « Arve industrie » et la mécatronique.

Le tourisme - près de 20 millions de nuitées touristiques en 2006 - a de multiples facettes. De décembre à mai, les sports d'hiver - 49 stations - attirent des milliers de pratiquants. Deux chiffres en passant : en 2005 la Haute-Savoie a encaissé 22 % des recettes françaises des remontées mécaniques et 20 % pour celles du ski de fond.

Les stations, dont certaines sont fort célèbres comme Megève, Flaine, Le Chinaillon ou La Clusaz, mais aussi Chamonix ou les Portes du Soleil, font de gros efforts depuis plusieurs années pour offrir leurs charmes aux estivants et ainsi développent-elles la luge d'été, le VTT, le parapente et autre randonnées équestres ou pédestres. Le Conseil général a mis en place un balisage efficace dans tout le département pour permettre aux touristes de se retrouver entre les rhododendrons et les névés, les forêts et les torrents. Il est vrai que notre département ne manque pas d'atouts : lac d'Annecy et du Léman sont là pour le prouver. L'ouvrage Haute-Savoie côté nature, chez ce même éditeur l'a bien montré. En 2006, il a été décidé de ne former qu'une seule destination touristique « Savoie et Haute-Savoie », pour répondre aux mutations touristiques engendrées par la mondialisation et Internet.

À propos de nature, la Haute-Savoie a gardé son image de pays de montagnes, d'alpages où paissent des troupeaux de vaches laitières et elle en est fière. Béret rivé sur la tête, le paysan savoyard continue les traditions ancestrales avec bonheur. Et ne vous avisez pas de nous dire que les « snailles » (cloches) de nos vaches dans les alpages vous dérangent, surtout si, comme des millions, vous appréciez, à juste goût, le reblochon, la tomme ou le beaufort…

La Haute-Savoie est un département riche : riche de sa population jeune et dynamique, riche de son savoir-faire - la haute technologie se mariant admirablement bien avec les traditions ancestrales - riche de sa complémentarité et de son partenariat avec la Suisse voisine, riche de son tourisme tant hivernal qu'estival, riche enfin d'une image positive qui lui permet d'aller de l'avant et cette richesse est sans aucun doute un formidable atout pour l'avenir.

Découvrez avec nous ses villes et ses villages au fil de ces magnifiques pages.

Research is flourishing, as shown by the high-tech hub of Archamps, the "leading Euro-Swiss high-tech hub" in full expansion, or high-performing laboratories such as Lapp, in Annecy-le Vieux, and the "Arve industrie" area of competitiveness and mechatronics.

Tourism – almost 20 million tourist overnight stays in 2006 – has many facets. From December to May, winter sports - 49 resorts – attract thousands of devotees. Two figures in passing: in 2005 Haute-Savoie was responsible for 22% of the income in France from ski lifts and 20% of that from cross-country skiing.

The resorts, some of them very famous, like Megève, Flaine, Le Chinaillon and La Clusaz, but also Chamonix and the Portes du Soleil, have been making great efforts for several years to offer their charms to summer tourists and are thus developing summer sledging, mountain biking, parapenting and other excursions on horseback or on foot. The departmental council has set up effective markers throughout the département to help tourists to find their way amongst the rhododendrons and the névés (firns), the forests and the rivers. It is true to say that our département is not short of assets: the lake at Annecy and Lake Geneva are there to be experienced. The work entitled Haute-Savoie côté nature, published by the same publisher, has shown this clearly. In 2006, the decision was taken to form a single tourist destination "Savoie et Haute-Savoie", to respond to the changes in tourism brought about by globalisation and the Internet.

On the subject of nature, Haute-Savoie has maintained its image of a region of mountains and mountain pastures where herds of dairy cows graze, and it is proud of this image. With his beret glued to his head, the Savoyard peasant continues the ancestral traditions with pleasure. And don't take it into your head to tell us that the "snailles" (bells) of our cows in the mountain pastures bother you, especially if, like millions, you enjoy reblochon, tomme or beaufort cheese.

Haute-Savoie is a rich département: rich with a young and dynamic population; rich in its savoir faire – high technology forming an admirable partnership with the ancestral traditions - rich in forming a complement to, and a partner with, neighbouring Switzerland; rich in tourism, both winter and summer; and, finally, rich in a positive image which enables it to move forward. This richness is, without a shadow of a doubt, a formidable asset for the future.

Come with us and discover its towns and villages as you read through these magnificent pages.

Sommaire
Contents

LE GENEVOIS

ANNEMASSE

On peut entrer en Haute-Savoie, en provenance de l'étranger (la Suisse est en effet un îlot étranger au cœur de l'Europe…) par Annemasse, ou plutôt par l'agglomération annemassienne, voire la conurbation genevoise.

En effet, en dépit du refus helvétique d'adhérer à L'Union européenne, Genève est, malgré qu'on en ait, LA métropole lémanique… Ses effets économiques sont puissants sur l'agglomération annemassienne, comme sur le Chablais proche. Cela a même engendré des déséquilibres — le « chocodollar » est une monnaie robuste ! — dans les prix de la région où l'immobilier atteint des sommets. La conséquence la plus directe étant une rurbanisation galopante qui rogne les terres agricoles, modifie les paysages en faisant disparaître la campagne au profit de lotissements et, finalement, défait le tissu villageois et citadin traditionnel.

One can enter Haute-Savoie, coming from abroad (Switzerland is, in fact, a foreign island in the heart of Europe…) via Annemasse, or rather via the urban area of Annemasse, and even the Geneva conurbation.

In fact, despite the refusal of the Swiss to join the European Union, Geneva is, in spite of what they say, THE metropolis of Leman… Its economic effects on the urban area of Annemasse are powerful, as they are on the nearby Chablais. That has even led to imbalances - the "chocodollar" is a sturdy currency! - in the region's prices, where real estate prices are sky high. The most direct consequence is galloping development of the outer suburbs which is gnawing away at agricultural lands, changing the landscape by leading to the disappearance of the countryside in favour of housing developments and, finally, undoing the village and traditional urban fabric.

Place de la Mairie.

Ajoutons que la plupart des prospectives envisagent 500 000 habitants autour de Genève dans un futur proche. Heureusement, Genève, elle, a su se cuirasser en créant une ceinture verte protégée autour de la cité. Ailleurs, dans ce futur proche, en sera-t-il de même ?

Quant au terme « Genevois », utilisé pour désigner la région savoyarde au sud de la métropole, il a une origine historique ancienne, mais, pour l'expliquer par des faits historiques proches, il suffit de savoir que Genève fut la préfecture du département du Léman durant le Premier empire et ce jusqu'au Congrès de Vienne en 1815, la « zone » de libre circulation douanière ayant, par ailleurs, maintenu, jusqu'au XXe siècle, cette prééminence…

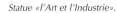
Statue «l'Art et l'Industrie».

La «Fenêtre ouverte».

It is worth adding that most predictions point to there being 500,000 inhabitants around Geneva in the near future. Fortunately, Geneva has until now protected itself with a green belt around the city. But in this near future, will this continue to be the case?

The term "Genevois" (Genevan), used to describe the region of Savoy to the south of the metropolis, has an ancient historic origin; but, to explain it through recent historic events, one need only know that Geneva was the most important town in the Léman department during the First Empire, up until the Congress of Vienna in 1815. The free movement of goods "area", furthermore, maintained this pre-eminence until the 20th century…

L'agglomération annemassienne est si dense qu'il n'est pas rare, lorsqu'on y circule, d'ignorer si l'on se trouve dans la commune de Ville-la-Grand, d'Ambilly, de Gaillard, de Vétraz-Monthoux ou d'Annemasse même ! Par chance quelques points de repère existent, telle cette fenêtre ouverte sur un avenir penché (inquiétant, non?), ou bien le monument à Michel Servet probablement érigé avec la bénédiction (?) des libres penseurs très actifs dans une région de catholicisme et de calvinisme dominants. Ce n'est plus aujourd'hui un sujet brûlant, sinon pour l'ONU proche, confrontée aux nouveaux intégrismes mondiaux…

Annemasse possède l'un des plus importants aérodromes de France : Jacques Brel y vint pour y apprendre le pilotage ! Dans le prolongement de sa piste on peut voir le Môle et, surtout le mont Blanc.

La Villa du Parc, lieu d'expositions remarquables, joue un rôle culturel considérable pour la diffusion de la modernité culturelle. L'art vivant, moderne, y est à l'honneur de manière exclusive.

La paisible Villa du Parc.

The Annemasse urban area is so dense that it is not a rare thing, when driving around, to be unaware of whether one is in the commune of Ville-la-Grand, Ambilly, Gaillard, Vétraz-Monthoux or Annemasse itself! Fortunately, there are a few reference points, such as that window opening onto a sloping future (worrying, no?), or the monument to Michel Servet, probably erected with the blessing (?) of the free thinkers who are very active in a region of dominant Catholicism and Calvinism. It is no longer such a lively subject today, apart from for the nearby UN, dealing with the problems of new world fundamentalisms…

Annemasse has one of the largest aerodromes in France: Jacques Brel came here to learn how to be a pilot! Beyond its runway one can see the Môle and, more particularly, Mont Blanc.

The Villa du Parc, a venue for notable exhibitions, plays a considerable cultural role in extending cultural modernity. This is the only place where living, modern art is brought to the fore.

ETREMBIERE ET LE SALÈVE

En levant les yeux, on aperçoit le Salève. Ce massif, appartenant géologiquement au Jura malgré sa position sur la rive gauche du Rhône, est, depuis toujours, considéré par les Genevois comme leur montagne et pourtant, hormis durant la période de l'Empire, jamais il ne leur appartint. On peut y accéder par plusieurs routes, tortueuses à souhait, et qui font le bonheur des cyclistes sportifs… On peut aussi y grimper par un téléphérique qui succéda à un tramway à vapeur. La vue sur Genève et le bassin lémanique y est extraordinaire.

On y pratique le parapente en raison de conditions aérologiques particulièrement favorables : le vent d'ouest se propulse le long des parois occidentales pour se transformer en ascendances très recherchées. On raconte que, un jour de temps orageux intense, un deltaplaniste aurait été emporté dans un gigantesque cumulo-nimbus, haut de plusieurs kilomètres, qui l'aurait catapulté jusque dans les montagnes du Jura où on l'aurait retrouvé plusieurs jours plus tard. Si c'est une légende, elle s'appuie en tout cas sur des faits tangibles car les orages, sur ce massif haut de 1375 m en son point culminant, peuvent atteindre une rare violence et, dans ce cas, un cumulo-nimbus peut dépasser les 10 000 m d'altitude !

N'omettons pas la Varappe ! Cet endroit, situé sur les falaises du Salève fut, en effet, le lieu d'invention, à la fin du XIXè siècle, de l'escalade sportive qui porte, encore aujourd'hui, le nom de varappe. D'ailleurs cette activité y est toujours pratiquée par des amateurs assidus.

If you turn your gaze upwards you can see the Salève. This massif, which belongs in geographical terms to the Jura, despite its position on the left bank of the Rhône, has always been considered by the Genevans to be their mountain and yet, apart from during the period of the Empire, it has never belonged to them. You can reach it via several, delightfully winding roads, which are a pleasure for sports cyclists… You can also ascend via the cable car which has replaced the old steam tram. The view of Geneva and the Lake Geneva area from the top is spectacular.

L'arrivée du Téléphérique en haut du Salève.

La petite église d'Etrembière sur la route du Salève.

Parapenting is a popular sport here because of the particularly favourable aerological conditions: the west wind is blown along the western walls and turns into very sought-after rising thermals. The story goes that, one day during severe storms, a hang glider was carried away in an enormous cumulo-nimbus cloud, several kilometres high, which catapulted him as far as the Jura mountains, where he was found several days later. If it is in fact a legend, it is based on tangible facts because storms on this massif, which measures 1375m at its highest point, can be extremely violent and, in this case, a cumulo-nimbus can exceed altitudes of 10,000m!

Let's not fail to mention the Varappe. This spot, located on the cliffs of the Salève, was in fact the place where, at the end of the 19th century, the sport of rock-climbing was invented; today it still has the name of varappe, and the activity is still carried out here by lovers of the sport.

Malgré l'utilisation qu'en font les urbains, c'est-à-dire une aire de jeux sportifs, de promenades et de loisirs, les activités agricoles perdurent heureusement sur ce chaînon (manquant ?) du Jura. Sur la crête, les alpages permettent d'engraisser des génisses. Ces activités agricoles sont essentielles et, si jamais là comme ailleurs, les agriculteurs devaient disparaître, faute de rentabilité, il faudrait probablement que l'autorité publique prenne en charge l'entretien de la montagne…

Despite the use to which it is put by people from the cities, i.e. an area for sports, walking and leisure activities, agricultural activities still exist, fortunately, on this (missing?) link in the Jura chain. On the ridge, the alpine pastures are ideal for fattening cows. These agricultural activities are essential and if ever, as elsewhere, the farmers were to disappear, because it was no longer profitable, the public authorities would probably have to take over the job of maintaining the mountain…

Le temps de la fenaison aux alentours du Salève.

ARCHAMPS

On peut, du sommet du Salève, apercevoir le site d'Archamps. Ce technopôle, bâti dans la mouvance — encore une fois ! — de Genève, regroupe une multitude d'activités : plus de 150 entreprises internationales y sont présentes… Pour le grand public, c'est le complexe cinématographique multisalles qu'évoque d'abord ce lieu. Archamps se voulait, lors de sa construction, la Sofia-Antipolis de Haute-Savoie, en raison notamment, de sa position dans la zone franche.

L'Histoire joue parfois des tours aux meilleures idées !

From the summit of the Salève you can make out the site of Archamps. This science and technology park, built in the sphere of influence — once again! — of Geneva, groups together a multitude of activities, and is home to more than 150 international companies. For the public at large, it is the multi-screen cinema complex which first comes to mind here. Archamps was supposed, when it was being built, to be the Sofia-Antipolis of Haute-Savoie, particularly because of its position in the duty free area.

L'Hôtel de Ville.

SAINT JULIEN EN GENEVOIS

En descendant du Salève, après avoir côtoyé Archamps, on arrive à Saint-Julien. Tout comme Annemasse, cette sous-préfecture appartient à la conurbation genevoise. De nombreux habitants traversent quotidiennement une frontière devenue, de nos jours, de plus en plus virtuelle (encore que les événements internationaux puissent réserver de mauvaises surprises !) pour aller travailler à Genève où les salaires, changés en euros représentent un pactole. L'effet sur la population, comme pour toutes les villes frontalières, a été foudroyant : 1 500 habitants au début du XXè siècle, plus de 10 000 aujourd'hui !

Coming down from the Salève, having rubbed shoulders with Archamps, you reach Saint-Julien. Like Annemasse, this sub-prefecture belongs to the Geneva conurbation. Numerous inhabitants still cross on a daily basis a border which has now become increasingly virtual (unless international events have some unpleasant surprises in store for us!) to work in Geneva, where salaries, converted into euros, become a tidy little sum. The effect on the population, as for all border towns, has been staggering: 1,500 inhabitants at the beginning of the 20th century, and more than 10,000 today!

On entre ici dans une région de collines qui n'est guère conforme à l'idée que l'on se fait généralement des montagnes de Haute-Savoie. Seule la montagne du Vuache, traversée par un important tunnel autoroutier, présente une cime à 1100 m. Le reste du paysage offre de douces inflexions faisant penser aux dernières vagues d'un océan immobile, qui viendraient s'affaler sur la grève.

La sous-préfecture.

Here you enter a region of hills which is nothing like what you generally imagine the mountains of Haute-Savoie to be. Only the mountain of the Vuache, which has a major road tunnel running through it, has a summit at 1,100m. The rest of the gently rolling landscape makes you think of the last waves of a motionless ocean, collapsing onto the shore.

Totem de l'autoroute avant la Suisse.

19

FEIGERES

Mairie de Feigères.

On pourra, si l'on aime musarder, passer à quelques kilomètres de Saint-Julien par le village de Feigères. Avec ses 1 250 habitants, il offre un lieu de calme et de détente. Qu'on ne s'y trompe pas ! Sous leurs apparences bien placides, les nants (nom franco-provençal, d'origine celtique, désignant un torrent) qui enserrent la commune ont été capables de crues dévastatrices en juin 1749, en mai 1827, en décembre 1841 et en octobre 1888... Bien évidemment, le Salève qui alimente ces cours d'eau est en première ligne lorsqu'il s'agit d'accueillir les cortèges automnaux ou printaniers des perturbations atlantiques ; ceci expliquant sans doute cela ! Même quand elle n'est pas haute, la montagne, pour magnifique qu'elle soit, peut toujours réserver de mauvaises surprises, y compris à ses pieds...

If you like to take things slowly, you could visit the village of Feigères, a few kilometres from Saint-Julien. With its 1,250 inhabitants, it offers a place of calm and relaxation. But don't be mistaken! Although peaceful in appearance, the nants (a French-Provençal word, of Celtic origin, designating a mountain stream) which enclose the commune have caused devastating floods, in June 1749, May 1827, December 1841 and October 1888... Of course, the Salève which feeds these water courses is in the front line when it comes to receiving whatever is brought by autumn and spring disturbances in the Atlantic; one undoubtedly explains the other! Even though it is not high, the mountain, magnificent though it may be, can still have some unpleasant surprises in store, even at its very base...

FRANGY

L'ancienne capitale de la Sémine (région comprise entre le Vuache, le Rhône et les Usses) est, dit-on, le point le plus chaud du département, le seul où l'on entendrait les cigales… Il est vrai qu'à vol d'homoptère, on n'est pas loin du lac du Bourget (Savoie), où ces insectes sont aussi indubitablement présents. Du fait de ce climat « méditerranéen » les produits de la vigne y sont exceptionnels, tout particulièrement la Roussette, un merveilleux vin blanc, sec et vif, à base de pure altesse, un cépage bien nommé ! Son origine serait chypriote ; il aurait été ramené lors des croisades et aurait été fort goûté des altesses, d'où son appellation. Cela fait beaucoup de conditionnels… Ce qui en revanche est une certitude, c'est que la Roussette peut s'apprécier en apéritif, avec des plats de poissons d'eau douce, des viandes blanches voire une pâtisserie. Une part importante du patrimoine savoyard !

Frangy abrite aussi un musée de la vache et des alpages qui devrait charmer les citadins consommateurs de lait en briques !

The age-old capital of the Sémine (a region between the Vuache, the Rhône and the Usses) is, they say, the hottest place in the department, the only place where you can hear crickets… It is true that, as the cricket flies, we are not far from the Bourget lake (Savoie), where these insects are also undoubtedly present. This "Mediterranean" climate means that the products of the vine are exceptional, particularly Roussette, a marvellous dry, lively white wine: it is a very classy drink, a variety with a good name! Its origin is supposedly Cypriot, brought here during the crusades, and it was supposedly a popular drink of princes, hence its appellation. A lot of "supposedly" in there… But what is certain is that Roussette can be drunk as an aperitif, with freshwater fish dishes, white meats and even sweet pastries. An important part of Savoy heritage!

Frangy is also home to a museum devoted to cows and mountain pastures, which should charm city-dwellers accustomed to drinking their milk from cartons!

Vignoble autour de Frangy «La Roussette».

ALLONZIER LA CAILLE

Toujours en musardant, on pourra atteindre les ponts de la Caille par de petites routes champêtres. Depuis le pont moderne, on admirera le pont « en fil de fer » (comme on le disait à l'époque de sa construction) inauguré en 1839 et construit par une société autochtone, il fut en son temps, mais avec moins de tapage médiatique, évidemment, une sorte de viaduc de Milhaud ! Avec près de 190 m de long, il surplombe de 150 m le val des Usses. Il est aujourd'hui un monument historique classé, témoin des débuts de l'ère industrielle.

Du pont suspendu, après avoir franchi les tours néo-médiévales de l'entrée, qui probablement, servaient à contrôler le péage, on appréciera le pont moderne qui, construit en 1928, fut à son tour une construction exceptionnelle : une arche en béton de 150 m franchit l'abîme ! Initialement destiné à un chemin de fer (qui n'exista jamais !) il supporte, aujourd'hui, un trafic trop intense pour sa capacité. Néanmoins, on ne peut qu'admirer les visionnaires qui construisirent ce pont si utile encore plus d'un demi siècle plus tard !

Sous ces ponts, tout au fond de la vallée, subsistent les traces d'un établissement thermal alimenté par des eaux sulfureuses tièdes, connues des Romains. Il n'est pas impossible que son abandon soit dû à l'encaissement du site et au manque de soleil : tout en bas, dans la végétation touffue, la lumière est, au sens propre, totalement glauque !

Le pont de la Caille.

Still taking things slowly, you can reach the bridges over the Caille along small country roads. From the modern bridge, you can admire the "wire" bridge (as it was referred to when it was built): opened in 1839, and built by a local company, it was in its time, but obviously with less media fuss, a kind of Milhaud viaduct! Measuring almost 190m in length, it spans the Usses valley at a height of 150m. Today it is a listed historic monument, a witness to the beginnings of the industrial era.

From the suspension bridge, after you have passed the medieval towers at the entrance, which were probably used to monitor the toll booth, you will see the modern bridge which, built in 1928, was in turn another exceptional construction: a 150m concrete arch spanning the abyss! Initially designed for a railway (which never existed!), today it carries traffic which is too heavy for its capacity. Nevertheless, one can only admire the visionaries who built this bridge, still so useful more than half a century later!

Under these bridges, at the very bottom of the valley, are remains of a thermal spa with warm sulphurous waters, dating from Roman times. It is not impossible that the site was abandoned because it is too hemmed in and lacks sun: right at the bottom, in the thick vegetation, the light is nothing short of murky!

CRUSEILLES

On pourra poursuivre la découverte du Genevois et le tour du Salève par la petite ville de Cruseilles. Située sur la RN 201, qui rejoint Annecy à Genève, elle subit une intense circulation automobile, celle précisément, qui passe par le pont de la Caille… Peut-être que, si le pont de la Caille moderne avait été utilisé comme prévu, pour une voie ferrée, les choses n'en seraient pas où elles en sont… Peut-être…

En 1907, s'implanta à Cruseilles, une usine de taille des pierres fines pour la joaillerie. Aujourd'hui la société D.S.D., sa descendante directe, fabrique des outils en diamants synthétiques et naturels, indispensables dans la mécanique de précision. Etant dans une région proche du Faucigny, royaume français du décolletage, il y a d'évidents débouchés pour un tel outillage. Et puis on ne peut s'empêcher de méditer sur l'évolution d'une société qui utilise le diamant (fût-il synthétique) pour autre chose que pour embellir les femmes !

L'église et le «vieux» Cruseilles.

One can continue the discovery of the Geneva area and the tour of the Salève with the small town of Cruseilles. Located on the RN (National Road) 201, which links Annecy with Geneva, it sees very heavy vehicle traffic, precisely the same traffic which passes over the Caille bridge… Perhaps, if the modern Caille bridge had been used, as planned, for a railway line, things would not have reached the stage they are at today. Perhaps…

In 1907, a factory for cutting fine stones for jewellery was established in Cruseilles. Today the company called D.S.D., its direct descendant, manufactures tools from synthetic and natural diamonds, which are indispensable in precision mechanics. Being in a region close to Faucigny, the capital of the French bar-cutting industry, there are obvious outlets for such tools. And then one cannot help but meditate on the development of a company which uses diamonds (even though they are synthetic) for something other than making women beautiful!

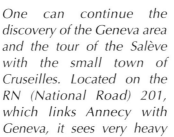

La piscine des Dronières.

Maison Bocquet.

L'église de Reignier.

Esery

REIGNIER
ET
ESERY

Pour parfaire le tour du Genevois et du Salève on ira sur les traces des plus lointains habitants de la Haute-Savoie (IIIè millénaire avant J.C., tout de même !) ayant laissé des traces, c'est-à-dire chez les bâtisseurs de dolmens. Celui de Reignier, traditionnellement nommé Pierre aux fées ou Pierre des morts, est d'une taille considérable. Les énormes blocs erratiques qui le composent ont probablement échappé à la découpe en raison même de leur taille « mégalithique ». Situé dans la plaine des rocailles, parsemée de blocs calcaires, le dolmen est, semble-t-il, le seul à être de nature granitique. Il en existait cinq, à Bons, Cranves, Larringes, Etrembières et Pers-Jussy. Seuls deux subsistent, la Pierre aux fées et son cousin à Saint-Cergues. Les autres ? ils ont, à coup sûr, été exploités comme « carrières »…

Notre temps ne sait pas toujours respecter le travail de nos prédécesseurs !

To round off the tour of the Genevois and the Salève, we will follow in the footsteps of the most distant inhabitants of Haute-Savoie to have left traces (3,000 years B.C., no less!), in other words the dolmen builders. The Reignier dolmen, traditionally called the Fairies' stone or Dead men's stone, is of a considerable size. The enormous irregular-shaped blocks of which it is formed have probably escaped being cut up because of their "megalithic" size. Located on the rocky plain, scattered with blocks of limestone, the dolmen appears to be the only rock which is granite in nature. There used to be five of them, at Bons, Cranves, Larringes, Etrembières and Pers-Jussy. Only two remain, the Fairies' stone and its cousin at Saint-Cergues. The others? They have almost certainly been used as "quarries"…

In our era we have still not learnt how to respect the work of our predecessors!

Dolmen et pierre aux Fées.

Le Golf d'Esery.

LE BASSIN ANNECIEN

Annecy, vue du Mont Veyrier.

L'agglomération annécienne, forte de près de 140 000 habitants se développe sur les alluvions fluvioglaciaires du lac d'Annecy, sillonnés de rivières et de canaux. Annecy en est la principale ville.

Annecy voit en quelque sorte le jour à l'époque néolithique, les pieds dans l'eau. Puis vers 45 avant J.C. les Allobroges romanisés construisent le vicus de Boutae, dans ce qu'il est convenu d'appeler aujourd'hui la plaine des Fins. Ce bourg romain est en réalité un carrefour routier et un lieu d'échanges important. On y édifie un théâtre de 500 places et même une basilique. Mais les Alamans ravagent la ville à deux reprises (259 et 277 après J.C.) et au Vè siècle les Burgondes s'installent sur le Thiou. La ville se développe alors de part et d'autre d'un pont et au pied de la colline sur laquelle s'édifie une forteresse. Ces constructions médiévales s'appelleront plus tard, beaucoup plus tard, le « Vieil Annecy », qu'il ne faut pas confondre avec Annecy-le-Vieux, construite sur le versant dominant la plaine. Au XIè siècle, Annecy devient la résidence des comtes de Genève. Les bourgeois annéciens obtiennent, en 1307, une charte de franchises qui fonctionne jusqu'au XVIIè siècle. On frappe monnaie dans le Palais de l'Isle. Ce magnifique édifice, qui est aujourd'hui l'un des monuments les plus photographié de France, tombait en ruine en 1900 et certains élus et autres défenseurs de la salubrité publique exigeaient sa démolition. Heureusement, il n'en fut rien grâce à la volonté de certains gens de bien.

Pendant le Moyen-âge, l'industrie textile se développe sur les rives du Thiou et du Vassé, canaux qui sillonnent la ville et qui fournissent la force motrice. En 1402, Annecy perd sa fonction de capitale du Genevois. La ville est ravagée par plusieurs incendies, c'est d'ailleurs le lot de toutes les villes au Moyen-âge, même si les règlements draconiens exigent la présence de tas de sable, de pelle et de seaux prêts à l'emploi. Les maisons sont en bois et l'on peut se serrer la main d'une façade à l'autre par-dessus la ruelle. En 1422, le cardinal de Brogny, dont l'histoire est édifiante, créé un couvent de dominicains et la fonction religieuse de la ville s'affirme de plus en plus. Les propriétés ecclésiastiques couvrent un terroir de plus en plus impressionnant et l'on peut dire que la ville vit grâce à l'Eglise. Il nous faut dire un mot d'Eustache Chappuis (1499–1555), homme d'église, qui fonde un collège qui verra passer des élèves studieux, mais aussi de très brillants sujets comme le futur Saint-François de Sales, le cardinal du Gerdil, les savants Claude Berthollet et Germain Sommeiller, ainsi que François Buloz, entre autres célébrités moins célèbres. En 1554, les ducs de Nemours rebaptisent Annecy comme capitale et, 15 ans plus tard, meurt ici le premier évêque d'Annecy Ange Justianiani. La ville compte alors quelques 2 800 habitants. Henri IV est reçu dans la ville en 1600, période de troubles et d'invasions successives par les voisins. Antoine Favre de Pérouges (1557–1624) dirige le conseil présidial. Le « Président Favre » reste un personnage important par ici et pas seulement parce qu'il est le père du grammairien de Vaugelas, sans qui le français n'aurait

The area of Annecy, with its almost 140,000 inhabitants, was developed on the glacial alluviums of Annecy Lake, which grooved the paths for rivers and canals. Annecy is the main city in the region.

To a certain extent Annecy came to light in the Neolithic period, rising up from the waters. Around 45 B.C. the Romanised Allobroges built the Boutae vicus, in the area nowadays known as the Fins Plain. This Roman town is really a crossroads, and thus an important place for exchange. A 500-seater theatre was built here, as well as a basilica. However, the Alamans came to sack the town on two occasions (259 and 277 A.D.) and, in the 5th century, the Burgondes settled on the Thiou. The city then developed around either side of the bridge, spreading out from the foot of the hill on which a fortress was built. At a later, much later date these constructions came to be known as Vieil Annecy, or "Old Annecy", not to be confused with Annecy-le-Vieux, built on the dominant slope of the plain. In the 11th century, Annecy became the residence of the Counts of Geneva. In 1307 Annecy's middle-classes obtained an exemption charter, which remained in operation up to the 17th century. The Palais de l'Isle was used to make coins. This magnificent building, today one of France's most photographed monuments, fell into disrepair in 1900, and certain politicians and defenders of public health called for its demolition. Fortunately nothing came of these demands, thanks to the good will of various kind-natured people.

During the Middle Ages the textile industry developed on the banks of the Thiou and the Vassé, canals that wind through the city and supplied the power behind the industry. In 1402 Annecy lost its role as the capital of Genevois. The city was then ravaged by various fires, which was the fate to befall many Middle Age cities, even though draconian laws at the time demanded sand, buckets and shovels to be available for immediate use. The houses are made of wood, and are so close

ANNECY

together that you can shake hands from one to the next across the alleyway. In 1422, the Cardinal du Brogny, with his sanctimonious past, established a Dominican convent, and the city's religious nature became more and more evident. Ecclesiastical properties were covering a greater amount of land, and it could be said that the city owed its life to the Church. Mention should be made of Eustache Chappuis (1499 – 1555), a man of the cloth, who founded a school that would educate studious pupils, but also exceptional students such as the future Saint François de Sales, Cardinal du Gerdil, the sages Claude Berthollet and Germain Sommeiller, as well as François Buloz, not to mention the other not-so-famous names. In 1554, the Dukes of Nemours re-baptised Annecy as the capital and, 15 years later, the city saw the death of the first Bishop of Annecy, Ange Justianiani. At this stage, the population was of some 2,800 inhabitants. Henri IV was received in the city in 1600, a period of trouble and successive invasions from neighbouring territories. Antoine Favre de Pérouges (1557 – 1624) was head of the elected council. "President Favre" remains an important figure in the area, and

probablement pas une si remarquable grammaire. Cette époque est florissante pour Annecy. C'est le temps où Saint-François de Sales (canonisé en 1666) et Sainte-Jeanne de Chantal créent, en 1610, l'ordre des visitandines, toujours présent dans le couvent contigu à la basilique de la Visitation, qui domine la ville aujourd'hui (construite au XXè siècle). Et si le visiteur veut rencontrer ces deux saints, il peut le faire en se rendant dans la dite basilique.

Nous oublierons bien volontiers les vilenies, les ravages causés et les misères faites aux 4 000 Annéciens par les Français du roi Louis XIII, vingt ans plus tard, venant s'ajouter à la maudite peste de 1629, fléau de ces temps là. Les guerres successives entre la France et la Savoie ravagent la ville et la région, beaucoup trop souvent à notre goût. Des Espagnols campent plusieurs années par ici et laissent des enfants et même un quartier « les Espagnoux ». Entre temps Jean-Jacques Rousseau a rencontré madame de Warens dans les jardins de l'évêché près d'un balustre, devenu d'or selon les vœux de l'écrivain philosophe. Et en 1734, la ville compte près de 5 000 « Vairons », nom donné aux Annéciens. Peut-être que les auteurs de ce sobriquet ont confondu la truite de nos armoiries avec un vairon ?

La Révolution française bouleverse ce bel agencement. Les confréries religieuses fuient la ville et le département du Mont-Blanc, nouvellement créé, a pour capitale Chambéry. De plus, le séjour du ci-devant citoyen Albitte n'arrange rien. Enfin sur le coup, car le plan d'urbanisme préparé par ce citoyen là va faire merveille quelques décennies plus tard. En effet, le Buon Governo (entre 1815 et 1860) améliore les conditions de circulation : on ouvre la rue Royale, on lance le pont de la Halle et la mairie est construite. Ce ne sont là que quelques exemples. Le roi Victor Emmanuel fait refaire la route qui longe le lac à la Puya. La population s'accroît rapidement et passe de 5 724 âmes en 1822 à 8 252, seize ans plus tard. Incroyable. La ville est un centre commercial et administratif en plein essor, essor qui va se ralentir un peu après l'Annexion de 1860. Napoléon III et son épouse sont émerveillés par la beauté de la ville et des fêtes vénitiennes données en leur honneur. L'empereur fait cadeau à la ville d'un bateau à vapeur, le Couronne Savoie, prélude à la navigation économique et touristique sur le lac. Mais les industries stagnent et la manufacture de M. Laueffer licencie la moitié de son personnel.

A la fin du XIXè siècle des hommes courageux, qui voient arriver le siècle nouveau avec espoir et fougue, se lancent dans les investissements et lancent des projets que certains trouvent fous. Electrification, réseau d'égouts, construction de nouveaux quartiers, ouverture du tramway Annecy – Thônes, construction d'hôtels, voire de palaces comme l'Impérial (1912) et Annecy

Les vieilles prisons.

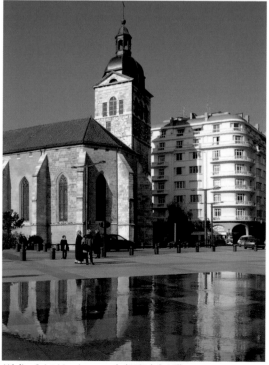

L'église Saint Maurice, vue de l'Hôtel de Ville.

La porte du Château.

not only because he was the father of the grammarian de Vaugelas, without whom the French would undoubtedly not have such a remarkable grammar. This was a flourishing period for Annecy. It was the time when Saint François de Sales (canonised in 1666) and Saint Jeanne de Chantal created, in 1610, the Order of the Visitandines, still present in the convent adjoined to the Basilica of the Visitation, which today looks over the city (built in the 20th century). Any visitor who wants to see these two saints can do so by simply going to the aforementioned basilica.

We could quite willingly forget the crimes, ransacking and misery caused to 4,000 people from Annecy by the French under King Louis XIII, twenty years later, as well as the dreaded plague in 1629, the real curse of those days. The successive wars between France and the Savoie rampaged through the city and the region, and were much too common an event for our liking. Spaniards also came to settle for several years here, leaving children and even their own neighbourhood behind, known as "les Espagnoux". Meanwhile, Jean Jacques Rousseau met Madame de Warens in the gardens of the bishop's palace close to a pillar, which was golden according to the writings of the philosophical writer. And, in 1734, the city had some 5,000 "Vairons", the name given to Annecy's inhabitants. Perhaps the people who came up with this nickname confused the trout of our coat-of-arms with the minnow (vairon in French).

The French Revolution was to turn this pleasant arrangement on its head. The religious members of the community fled the city and the newly-created region of Mont-Blanc, heading for the capital, Chambery. Furthermore, the sojourn of the from-then-onwards citizen Albitte did nothing to help. Eventually, this citizen's urbanisation plan was to go on and work wonders several decades down the line. In fact, the Buon Governo (between 1815 and 1860) improved traffic conditions: Rue Royale was opened, the La Halle Bridge was inaugurated and the town hall was also built, to cite but a few examples. King Victor Emmanuel had the road that stretched from the lake to the Puya completely refurbished. The population grew rapidly, and went from 5,724 inhabitants in 1822 to 8,252 in just 16 years, an incredible increase. The city was then a booming commercial and administrative hub, a boom that was to slow down slightly after the Annexe of 1860. Napoleon III and his wife marvelled at the beauty of the city, as well as the Venetian celebrations held in their honour. The Emperor decided to present the city with a steam boat, the Couronne Savoie, which was a prelude to the economic and tourist-related sailing that was to focus on the lake. Industry stagnated, however, and Mr. Laueffer's factory had to lay off half of its staff.

La plage d'Annecy et le parc de l'Hôtel Impérial.

L'Hôtel de Ville.

devient une ville moderne et touristique recherchée au-delà de nos frontières. Il faut dire qu'elle est grandement aidée par son environnement et il faut rendre au lac ce qu'elle lui doit. 17 233 habitants en 1926, puis 26 722 vingt ans plus tard : Annecy continue de grandir, mais le corset est étroit. Les bombardements des années 40 visent la grosse usine de roulements à billes, premier employeur annécien et font plusieurs victimes. La ville résistante dans l'âme reçoit en 1948 la Croix de guerre avec étoile de bronze.

Heureusement dans les années 50, de grosses entreprises s'installent dans la ville : la SAMEA, Gillette, CIT Acatel, « Radar » pour les Annéciens, et de son côté la S.N.R. reprend et poursuit son expansion. En 1962, on recense 43 255 Annéciens et la ville qui, connaissant alors son plus fort taux d'expansion, se paie des équipements sportifs et se restructure car les usines désertent la ville pour s'implanter dans les zones industrielles périphériques. C'est dans les années 70 que la ville change le plus de visage. Les démolitions et les reconstructions sont nombreuses. Je ne citerais là que la restructuration de la place de Verdun, du casino devenu aujourd'hui le centre Bonlieu et du quartier de la gare, où le train est arrivé pour la première fois en 1865. Les maires successifs, Charles Bosson, André Fumex et Bernard Bosson, fils de Charles, ont donné une formidable impulsion et accompagné un remarquable développement de la ville peuplée d'environ 55 000 habitants de nos jours.

Pour mieux comprendre Annecy aujourd'hui, il faut oublier la notion de ville et lui substituer celle d'agglomération. D'ailleurs les élus l'ont bien compris, eux qui ont créé le C.A.A. la Communauté de l'agglomération annécienne, forte aujourd'hui de près de 140 000 habitants. Et si certains pensent qu'Annecy tire trop la couverture, j'oserais répondre que les communes voisines ont connu depuis trente ans un développement sans précédent et qu'elles le doivent, en partie il est vrai, à Annecy. Ville au patrimoine architectural riche, ville au cadre de vie exceptionnel et à la renommée reconnue de tous, Annecy est une ville touristique de premier plan, où malheureusement pour un nombre encore important d'habitants, la vie est chère. C'est aussi une ville commerçante, qui a gardé une présence industrielle. Cependant, même si un tiers de la population se renouvelle tous les cinq ans, il existe une âme annécienne.

J'oserais dire qu'Annecy sans son lac n'est rien. Partons à la découverte de ce plan d'eau et des rives enchanteresses.

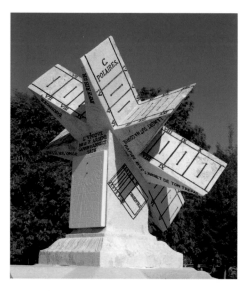

La Préfecture.

At the end of the 19th century brave men, who looked to the arrival of the new century with hope and ardour, decided to invest in projects that others looked upon as slightly mad. Electricity, sewage networks, the construction of new neighbourhoods, the opening of the Annecy-Thônes tram line, new hotels, even palaces such as the Impérial (1912) saw Annecy become a modern, tourism-based city, that was sought after well beyond its natural boundaries. It has to be said that this was greatly helped by the surrounding environment, and the lake must be credited for the part it plays in this. 17,233 people lived in the city by 1926, with 26,722 twenty years later: Annecy continued to grow, but this growth was stretching the city's resources to its limits. Attacks in the 40's targeted the great ball-bearing factory, and claimed several victims. In 1948, thanks to its spirit of resistance, the city was awarded the War Cross with a bronze star.

La Chambre de Commerce et d'Industrie.

Fortunately the 50's saw large companies settling in the city: la SAMEA, Gillette, CIT Acatel, "Radar" for those from the city, and, for its part, SNR recovered and began its expansion. The 1962 census registered 43,255 citizens and the city, realising its strong rate of growth, dedicated itself to sporting equipment and tried to restructure, as the factories were deserting the city to set up in the peripheral industrial areas. It was finally in the 70's that the face of the city really began to change, with numerous demolition and reconstruction projects. All that I will mention here is the restructuring of Place de Verdun, the casino that has now become the Bonlieu centre and the railway area, which welcomed its first train in 1865. Successive mayors, Charles Bosson, André Fumex and Bernard Bosson, son of Charles, gave the city a strong impetus, accompanying it on its remarkable development to become the city with some 55,000 inhabitants that we all know and love today.

To better understand today's Annecy it is important to forget the idea of a city, and replace it with the word agglomeration. Its council has understood this, creating the CAA (Annecy Agglomeration Community), with almost 140,000 inhabitants. Some might think that Annecy believes itself to cover too large an area, but I would say that the neighbouring communities have seen unprecedented development over the past 30 years, a development which they owe, at least in part, to Annecy. A city with a rich architectural heritage, an exceptional standard of living and the recommendation of all, Annecy is a top tourist destination where, unfortunately for an increasing number of inhabitants, life is expensive. It is also a commercial city, which has retained its industrial character and, despite the fact that a third of the population changes every five years, it still holds on to its local soul and spirit.

Courier, le nouveau quartier.

I would dare to say that, without its lake, Annecy is nothing. Let's discover this great expanse of water and its enchanting banks.

Le Centre Bonlieu.

AUTOUR DU LAC

En 2006, le Conseil général de la Haute-Savoie lance les consultations pour la réalisation de la piste cyclable sur la rive droite du lac. Le cycliste avisé sait que le tour du lac le plus aisé se fait dans le sens des aiguilles d'une montre. Faisons de même et ce n'est pas Eugène Sue qui nous contredira, puisqu'il avait élu domicile dans une villa sise à la limite d'Annecy-le-Vieux et Veyrier. Cet homme de mystères fut enterré comme un paria, dans l'aube naissante d'un jour de 1857. Il avait notamment écrit ici « La marquise Cornelia d'Alfi ou le lac d'Annecy et ses environs », et cette sépulture est bien affligeante pour la municipalité annécienne de l'époque.

In 2006, the Haute-Savoie General Council launched the consultation process for the development of a cycle path on the right bank of the lake. Any cyclist in the know is aware that the easiest route around the expanse of water is to ride clockwise. We do the same, and Eugène Sue won't contradict us on the matter. He chose to live in a town situated on the outskirts of Annecy-le-Vieux and Veyrier. This mysterious man was buried as a pariah, at dawn on a day in 1857. Here he famously wrote "La marquise Cornelia d'Alfi ou le lac d'Annecy et ses environ" ("The Marquise Cornelia d'Alfi or the Annecy lake and its surroundings"), and his burial place was one of trouble and sadness for this Annecy municipality at the time.

Canal de Vassé et ses magnifiques arbres.

VEYRIER

The climb up Chavoire, coming out of Annecy-le-Vieux, takes us gently to Veyrier, whose renown is already established, like all the villages on the tour of the lake. A commune of lake shores, Veyrier is also a mid-mountain commune, overlooked by Mont-Veyrier (1300m).

A Gallo-Roman villa was discovered under the Mont-Baron. They used to grow vines there, and were still doing so at the start of the 20th century, but less so nowadays. Petty noble families were the successive owners of this fief, which is of little interest because the growing land is of poor quality.

However, in 1852 the ogival or neo-Gothic church dedicated to saint Maurice was rebuilt for the 700 or so parishioners. But people left the village, attracted by its close neighbour Annecy, and in 1901 the census recorded only 578 inhabitants in what was henceforth called Veyrier-du-Lac.

In 1934, the Mont-Veyrier cable car was opened, with a panoramic restaurant, which "human folly", business interests or selfishness allowed to fall into ruin sixty years later. A pity for our area and for tourism, because they were an excellent card for Veyrier to have in its hand.

Today it is still a magnificent residential commune, and the 2,000 Veyrolains enjoy a very high standard of living. Development works at the end of the last century improved both the life of the local people and the route across the commune, which is very busy because it is on the winter sports resort trail.

La montée de Chavoire, à la sortie d'Annecy-le-Vieux, nous emmène doucement à Veyrier, dont la renommée n'est plus à faire, comme tous les villages du tour du lac. Commune des rives lacustres, Veyrier est également une commune de moyenne montagne, dominée par le Mont-Veyrier (1300 m).

Une villa gallo-romaine fut découverte sous le Mont-Baron. On y cultivait la vigne, culture que l'on pratiquait encore au début du XXè siècle et plus rarement de nos jours. Les familles de petite noblesse sont des propriétaires successifs de ce fief peu intéressant car le terroir cultivable est faible.

Cependant en 1852 on reconstruit, pour les quelques 700 paroissiens, l'église de style ogival ou néo-gothique, placée sous le vocable de saint Maurice. Mais, attirés par Annecy toute proche, les gens quittent le village et en 1901, on ne recense plus que 578 habitants dans ce qui s'appelle désormais Veyrier-du-Lac.

En 1934, on ouvre le téléphérique du Mont-Veyrier avec un restaurant panoramique que la « bêtise humaine », l'affairisme ou l'égoïsme ont laissé tomber en ruine soixante ans plus tard. Dommage pour notre agglomération et le tourisme, car Veyrier avait là une excellente carte en main.

Toujours est-il qu'aujourd'hui, c'est une magnifique commune résidentielle au niveau de vie élevé forte de plus de 2 000 Veyrolains. Des travaux d'aménagement à la fin du siècle dernier ont permis d'améliorer la vie des riverains et la traversée de la commune, très fréquentée puisque sur la route des stations de sports d'hiver.

Mairie «verte» de Veyrier.

Si les Romains avaient aménagé ici des thermes, l'histoire de ce bourg est surtout liée à celle de son château et de la famille de Menthon.

En bref, « la légende dit » que le château a été construit sur le lieu où est né Saint-Bernard en 923. On vous montre même la fenêtre par laquelle il a sauté et fui, pour éviter d'épouser la fille du seigneur de Miolans, et mieux servir Dieu, ce qu'il fit en devenant vicaire d'Aoste et en consacrant sa vie à l'évangélisation des montagnards, avant de mourir en 1008. J'ai bien envie de ne rien ajouter, mais les spécialistes de l'Histoire, et il y en a, trouveront ces lignes amusantes voire blasphématoires, aussi ajouterais-je derechef que selon les travaux d'André Donnet, Saint-Bernard n'aurait pas grand-chose à voir avec ladite noble famille. Dommage !

Ce magnifique château fut construit entre les XIIIè et XVIè siècles et, en 2006, le comte de Menthon, un homme charmant, poursuit des travaux d'entretien du château qui abrite, notamment, de magnifiques cuisines pour les nourritures terrestres et une remarquable bibliothèque pour les nourritures spirituelles. Pour sa part, la paroisse, consacrée à saint Julien de Brioude, date du Moyen-âge et abrite un bas-relief en bois sculpté du XVè siècle.

Mille ans ou presque après Saint-Bernard, je veux vous parler de François de Menthon, né en 1900. Ce grand humaniste, chrétien fervent, fut une des plus grandes figures de la Résistance haut-savoyarde. En novembre 1940, il « publie » un journal clandestin « Liberté » et organise, avec les plus grands noms de la Résistance française, l'après-guerre. On le retrouve Garde des Sceaux dans le gouvernement du général de Gaulle de 1944 et il représente la France au procès de Nuremberg. Il est l'un des fondateurs du mouvement politique M.R.P., toujours bien implanté dans notre département.

Menthon Saint-Bernard, commune recherchée, tant par les Haut-Savoyards que par les visiteurs, dispose d'infrastructures touristiques importantes qui assurent de nombreux emplois tant dans l'hôtellerie que dans la restauration ou les loisirs liés au lac. Aujourd'hui « Lou Roudhi » (les Rongeurs) sont 2 160 à y vivre.

Il faut ensuite poursuivre et passer le Roc de Chère, réserve naturelle pour les uns, golf pour les autres et les deux pour ceux qui « savent y faire ». En tout cas de son belvédère, la vue sur le golfe de Talloires est d'une majestueuse beauté. La descente sur le golfe est assez raide et les points de vue ne manquent pas.

Although the Romans developed the thermal baths here, the history of this village is primarily linked to that of its château and the Menthon family.

In short, "Legend has it" that the château was built on the site where Saint Bernard was born in 923. You can even see the window through which he jumped and fled, to avoid marrying the daughter of the lord of Miolans, and to serve God better; he did this by becoming vicar of Aoste and devoting his life to the evangelisation of the people in the mountains, before he died in 1008. I really do not want to add any more here, but the History specialists, and they are out there, will find these lines amusing and even blasphemous, so I would add once again that, according to the works of André Donnet, Saint Bernard did not have a great deal to do with the aforementioned noble family. What a pity!

This magnificent château was built between the 13th and 16th centuries and, in 2006, the count of Menthon, a charming man, undertook maintenance work on the château which houses, in particular, magnificent kitchens for worldly nourishment and a noteworthy library for spiritual nourishment. For its part, the parish church, devoted to Saint Julien de Brioude, dates from the Middle Ages and houses a carved wooden bas-relief from the 15th century.

A thousand years, or almost, after Saint Bernard, I want to talk to you about François de Menthon, born in 1900. This great humanist, a fervent Christian, was one of the greatest figures in the Haut-Savoie Resistance. In November 1940, he "published" a clandestine journal called "Liberté" and organised, with the biggest names in the French Resistance, the after war period. He became the Minister of Justice in General de Gaulle's government of 1944 and represented France at the Nuremberg trials. He was one of the founders of the M.R.P. political movement.

Menthon Saint-Bernard, a sought after commune, by Haut-Savoyards and visitors alike, has considerable tourist infrastructures which guarantee numerous jobs both in the hotel trade, restaurants and the leisure industry connected to the lake.

Now it is time to move on and pass the Roc de Chère, a nature reserve for some, a golf course for others, and both things for those in the know. In any case, the view of the bay of Talloires from its belvedere is majestic in its beauty. The descent to the bay is quite steep and there is no shortage of viewpoints.

MENTHON-SAINT-BERNARD

TALLOIRES

A la fin du IXè siècle s'ouvre ici un petit monastère. Le premier prieur, Germain, fait consacrer une église à son retour de Jérusalem, puis vit 40 ans en ermite dans une grotte sise au-dessus du bourg. L'Eglise en fait un saint. En 1674, le prieuré devient une abbaye par un bref du pape Clément X. Un peintre annécien, Val Helmont, décore la chambre du prieur en 1732, chambre toujours visible grâce à la gentillesse des propriétaires de l'abbaye, devenue un hôtel.

Talloires voit naître Claude Berthollet en 1748. Chimiste célèbre, il est en réalité au départ docteur en médecine. Médecin de l'épouse de Louis-Philippe d'Orléans, il fréquente les « grands » de son temps, fonde avec son ami Monge l'école polytechnique et laisse derrière lui les lois Berthollet, et non un lycée comme le pensent certains.

Dès le milieu du XIXè siècle, Talloires est une capitale de la gastronomie et un haut lieu touristique. Paul Cézane, qui peint le lac, André Theuriet, José Maria de Hérédia, Marcellin Berthellot et Albert Besnard furent, parmi d'autres, des visiteurs enthousiastes. Malgré tout, l'exode rural saigne le village car « lou Thanteu » (qui font chanter) partent vers la ville, où se trouve le travail.

Aujourd'hui, on ne compte pas moins de 14 hôtels-restaurants dont 4 d'entre eux ont 4 étoiles et plusieurs restaurants de grand standing dans la lignée du « Père Bise » et de « l'Abbaye ». Village résidentiel, il fait bon vivre à Talloires derrière les magnifiques maisons bourgeoises ou les somptueuses villas. Si le lac offre une très belle base de loisirs, les montagnes qui surplombent le bourg permettent, en été, de pittoresques randonnées, comme au Roc de Chère ou à Saint-Germain.

At the end of the 9th century a small monastery was opened here. The first prior, Germain, had a church consecrated on his return from Jerusalem, then lived for 40 years as a hermit in a cave above the village. The Church made him a saint. In 1674, the priory became an abbey with a brief issued by Pope Clement X. A painter from Annecy, Val Helmont, decorated the prior's bedroom in 1732, and the bedroom can still be seen today thanks to the kindness of the owners of the abbey, which was turned into a hotel.

Talloires was the birthplace of Claude Berthollet in 1748. A famous chemist, he was in fact a doctor of medicine to begin with. As doctor to the wife of Louis Philippe d'Orléans, he rubbed shoulders with the "great and good" of his time, founded the polytechnic school with his friend Monge and left behind him the Berthollet laws, and not a school, as some people think.

Since the mid-19th century, Talloires has been a gastronomic capital and a Mecca for tourism. Paul Cézanne, who painted the lake, André Theuriet, José Maria de Hérédia, Marcellin Berthellot and Albert Besnard were, amongst others, keen visitors. In spite of all this, the rural exodus drained the life from the village, as "lou Thanteu" (those who make you sing) left for the town, where the work was to be found.

Today, there are at least 14 hotel-restaurants, 4 of which have 4 stars, and several high-class restaurants in the tradition of the "Père Bise" and "l'Abbaye". A residential village, Talloires offers a good standard of living behind its magnificent bourgeois houses and sumptuous villas. And while the lake offers a very beautiful base for leisure activities, the mountains which overhang the village are perfect for picturesque summer walks, for example to the Roc de Chère or Saint-Germain.

FAVERGES

Les découvertes archéologiques de Viuz-Faverges font remonter la présence humaine au Vè siècle avant J.C. En l'an 600 on édifie une magnifique église au chœur carré, sur laquelle on bâtit 200 ans plus tard une nouvelle église au chœur roman et une troisième en l'an 1200. Demandez à visiter la crypte, vous y découvrirez ce remarquable enchevêtrement architectural.

Faverges est à la fois une ville carrefour et une ville née d'un ombilic glaciaire. Le terroir, plat et fertile, est cultivé très tôt. En 1112, pour contrôler les routes, un château est construit sur le versant sud de la vallée. Il surveille, entre autres, le chemin du col de Tamié, où les moines s'installent dès 1132. Ne manquez pas les tomes des Bauges fabriquées par ces admirables religieux.

Cette position de carrefour développe les foires et les marchés. Mais c'est la vocation industrielle, qui s'affirme dès le XVè siècle. On trouve le long de la rivière plusieurs martinets à fer et à cuivre. Tanneries, papeteries prennent le relais au XVIIIè et Faverges compte alors plus de 2 300 habitants, protégés par le Grand Mur, digue bâtie en 1750. En 1850 plus de mille personnes travaillent dans la manufacture de tissage de coton, puis de soie, créée ici par Jean Pierre Duport, en 1801. Mais l'Annexion casse ce bel essor. Cependant, Simon Tissot-Dupont créé la société ST Dupont en 1872. Si cette maison de produits de luxe perdure jusqu'à nos jours, ses employés espèrent bien qu'en 2007 elle repartira d'un bon pied. Hermann Staübli, industriel helvétique, ouvre en 1909 une usine de métiers à tisser. Aujourd'hui l'entreprise qui produit des ratières, des raccords rapides et des robots est un leader mondial. D'autres entreprises offrent du travail aux Favergiens, comme Bourgeois, fabriquant d'appareils électroménagers. Une multitude de P.M.E. et P.M.I. complètent le tissu industriel de la vallée.

Malgré tout, la ville peut faire valoir qu'elle accueille de plus en plus de visiteurs l'été, grâce à des infrastructures de loisirs à proximité, comme le golf de Giez, ou l'hiver avec la station de Seythenex. Faverges, en plus de son musée de Viuz, est aussi le berceau du festival Musik Alpes et tous les deux ans, fin août, elle offre un beau salon du livre.

Dotée d'un écusson représentant un fer à cheval surmontant une chaîne de montagne, le tout couronné de murailles et d'une devise « Progredior » Faverges a totalement changé d'image depuis quelques décennies et est devenue une ville de 6 524 habitants (2004) fort recherchée.

Remontons vers le nord et le lac pour découvrir un gros bourg à l'église imposante : Doussard.

The archaeological discoveries in Viuz-Faverges date the human presence here to the 5th century B.C. In the year 600 a magnificent church with a square choir was built, on which a new church with a Romanesque choir was built 200 years later, followed by a third in the year 1200. Ask to visit the crypt, and you will see for yourself this remarkable architectural confusion.

Faverges is both a crossroads town and a town born from the lowest point of the glacier. The land, both flat and fertile, was cultivated from a very early date. In 1112, to monitor the roads, a château was built on the southern slopes of the valley. It overlooked, amongst others, the route to the col (pass) de Tamié, where monks settled in 1132. Do not fail to see the Bauges books made by these admirable monks.

This position as a crossroads led to the development of fairs and markets. But it was the town's industrial vocation which asserted itself from the 15th century onwards. Along the river there were several iron and copper hammers. Tanneries and paper mills took the baton in the 18th century and at that time Faverges had more than 2,300 inhabitants, protected by the Grand Mur (Great Wall), a barrier built in 1750. In 1850 more than a thousand people worked in the cotton, and then silk weaving industry, created here by Jean Pierre Duport, in 1801. But Annexation put a stop to this fine development. However, Simon Tissot-Dupont started the company ST Dupont in 1872. Although this luxury products company has survived until today, its employees hope that it will start again in 2007 on the right foot. In 1909 Hermann Staübli, a Swiss industrialist, opened a loom factory. Today, the company which produces rattraps, quick couplings and robots is a world leader. Other companies provide work for the Favergiens, such as Bourgeois, which makes domestic appliances. A multitude of SMEs and SMIs complete the valley's industrial fabric.

Despite everything, the town can boast that it welcomes more and more visitors in summer, thanks to nearby leisure infrastructures, such as the Giez golf course, or in winter, with the resort of Seythenex. Faverges, in addition to its Viuz museum, is also the cradle of the Musik Alpes festival, and every two years, at the end of August, it offers a fine book fair.

With its coat of arms representing a horseshoe over a mountain chain, all crowned with walls and the slogan "Progredior", Faverges totally changed its image a few decades ago and has become a very sought after town of 6,524 inhabitants (2004).

Let's go back up north towards the lake to discover a large village with an imposing church: Doussard.

Le château de Faverges.

Doussard a un terroir très particulier car extrêmement varié. En effet celui-ci s'étire des roselières du lac d'Annecy jusque dans les montagnes des Bauges où il culmine à 1907 mètres. Mais la meilleure partie est sans conteste son immense plaine alluviale.

La cité dominée par une imposante église sarde est un bourg rural. A ce propos, qui se souvient que la foudre fendit une cloche paroissiale ? On ne compte pas moins de trois fruitières sur son terroir. Et l'arrivée en 1901 du chemin de fer ne change rien aux habitudes, sauf qu'on l'utilise pour le commerce des grains et des produits laitiers. Mais la commune est constituée de plusieurs hameaux et n'est pas facile à gérer. En 1936, il n'y a que 860 habitants ici, que l'on surnomme « lou Bobans » ou les « Sans douceur ».

Aujourd'hui Doussard, peuplée d'environ 3 500 habitants ayant conservé d'importantes activités agricoles, devient une ville résidentielle qui cherche à développer un tourisme estival lié en partie au lac, mais aussi à la moyenne montagne et aux sports aériens. Son école de parapente et de deltaplane est célèbre. Des lotissements « mangent » les terres labourables de la commune qui continue de favoriser une petite industrie et un artisanat le long de la nationale. Vous trouverez une certaine sérénité à flâner dans les différents hameaux et à découvrir lavoirs, fours à pains, croix de mission et autres calvaires. N'hésitez pas, non plus, à faire des randonnées dans les montagnes voisines ou à suivre le sentier des castors qui serpente dans la roselière du Bout du lac.

Retrouvons les rives du lac en remontant vers le nord, pour entrer dans Duingt.

DOUSSARD

Doussard has a unique landscape, due to the fact that it is extremely varied. In fact, it stretches along the reed bed of Annecy Lake until it reaches the Bagues Mountains, culminating at 1907 metres. However, its best part is to be found in its immense alluvial plain.

The village is dominated by an imposing church made of sardoine stone, and is a rural town. Speaking of the building, who remembers about lightning melting a parochial bell? There are no less than three fruit-growing areas on the town's land. In 1901, with the arrival of the great railway, nothing really changed in the town, except for the fact that it was used to sell grain and dairy products. But the town was in reality made up of various hamlets and, as a result, was difficult to manage. In 1936, there were only 860 inhabitants here, who were called "lou Bobans", (those without gentleness).

Doussard today, with a population of some 3,500, has conserved significant agricultural activity, but has also become a residential town that is looking to develop summer lake-based tourism, as well as attracting tourists for its mountain and air-based sporting activities. Its hang-gliding and paragliding school is renowned far and wide. Housing estates have appeared, "eating up" the town's workable land, although it still manages to retain a small amount of industry and craftsmanship. You will find a certain level of serenity when roaming through the hamlets, discovering wash houses, bread ovens, missionary crosses and other forms of calvary. Don't forget to walk through the surrounding mountains, following the trails of the beavers who slip through the reed beds at the bottom of the lake.

Let's head back to the banks of the lake, heading northwards before entering Duingt.

Ce bourg doit son existence au resserrement de la rive au droit des montagnes d'Entrevernes et de Taillefer. Il s'agit en réalité d'un splendide verrou glaciaire qui coupe le lac en « Petit lac » au sud et « Grand lac » au nord.

L'île sous lacustre du Roselet, siège de multiples légendes, est occupée dès la Préhistoire. Il faut attendre le Moyen-âge pour voir apparaître les chevaliers de Duin. Dont les domaines immenses sont jalousés par le comte de Genève, leur suzerain. De leur château, bâti sur le « Don » (le mont), il ne reste qu'une modeste tour hexagonale, ancienne propriété de la famille Luxembourg-Martigues. Les Chevron-Villette eux, font construire le château de Dérée, que je vous recommande, bien qu'il soit privé et que l'on baptise bien volontiers le « château de Duingt ».

Il est, concernant ces castels, une histoire fort intéressante durant la Révolution française. En mars 1793, les bonnes sœurs de la Visitation d'Annecy, pensant que la folie furieuse des anticléricaux français n'avait pas de limites, décident de sauver ce qui peut l'être et de venir, de nuit, cacher les reliques de Saint-François de Sales et de Sainte-Jeanne de Chantal au Château-vieux, alors propriété du marquis de Sales.

A cette époque, l'activité économique se résume à la pêche, à un peu de polyculture vivrière sur le cône de déjection d'Entrevernes et à un trafic du minerais de fer sur le lac, fer exporté par barques à voiles, toutes plus belles les unes que les autres et aujourd'hui toutes englouties. De ce temps béni de la navigation à voile, il reste un oratoire érigé au-dessus du bourg en 1874 par les nautoniers qui, ayant fait naufrage vingt ans auparavant, avaient été secourus par les Dunois. Prenez votre courage à deux mains car c'est raide, mais montez jusqu'à lui, vous découvrirez un des plus beaux points de vue sur le lac.

DUINGT

This village owes its existence to the narrowing of the shore by the mountains of Entrevernes and Taillefer. In fact it is a splendid glacial rock bar which divides the lake into "Petit lac" to the south and "Grand lac" to the north.

The underwater lake island of le Roselet, the site of many legends, has been occupied since Prehistory. The Middle Ages saw the appearance of the knights of Duin, whose huge lands were the envy of the count of Geneva, their overlord. The only remaining part of their château, built on the "Don" (the hill), is a modest hexagonal tower, former property of the Luxembourg-Martigues family. The Chevron-Villette family were responsible for building the château of Dérée, which I recommend to you, although it is private and people quite willingly call it the "château of Duingt".

There is a very interesting story relating to these small castles during the French Revolution. In March 1793, the nuns of the Annecy Visitation, believing that the madness of the French anti-clerics knew no bounds, decided to salvage what they could and came, during the night, to hide the relics of Saint-François de Sales and Sainte-Jeanne de Chantal in the old Château, then the property of the marquis of Sales.

At that time, economic activity consisted of fishing, a little mixed farming on the dejection cone of Entrevernes and trade in iron ores on the lake, with iron exported by sailing boats, each more beautiful than the previous one and today all engulfed. From this hallowed period of sailing, there remains an oratory built above the village in 1874 by the steersmen who had been shipwrecked twenty years before and rescued by the Dunois. Steel yourself for the climb because it is a steep one, but when you get to the top you will be rewarded with one of the finest views of the lake.

Le village végète malgré le passage du train sous ce froid tunnel, pour la première fois en en 1900, et c'est une nouvelle fois le tourisme qui va le réveiller. Par train, par diligence ou par bateau, les visiteurs descendent à l'hôtel Bernard ou dans les quatre autres établissements hôteliers du bourg.

C'est aujourd'hui, même si le train ne passe plus depuis 1953, un lieu de séjour estival lié au lac. Il faut flâner dans les petites rues du vieux village pour éviter et comprendre ce que les quelques 900 « Gens de Rien », surnom des Dunois, voudraient voir disparaître, à savoir les nuisances de la circulation sur la route 508 et ce n'est pas l'hypothétique ouverture du tunnel sous le Semnoz qui devrait arranger la situation.

En ce qui nous concerne, remontons la rive gauche du lac, à vitesse réduite.

The village stagnated, despite the train passing through this cold tunnel for the first time in 1900, and once again it was tourism which would waken it. By train, by stagecoach or by boat, visitors came to stay at the hotel Bernard and the other four hotels in the village.

Today, even though the train stopped running in 1953, it remains a summer destination on the lakeside. You have to wander around the narrow streets of the old village to avoid and understand what the 900 or so "Gens de Rien" (people of nothing), the nickname of the Dunois, would like to see disappear: the noisy traffic on the 508 road. The supposed opening of the tunnel under the Semnoz will not remedy this situation.

As for us, let's return slowly up the left shore of the lake.

Le port et la Tournette.

SAINT-JORIOZ

Village des rives du lac, Saint-Jorioz est bâtie sur le cône de déjection du Laudon, la plus grosse arrivée d'eau au lac, mais à bonne distance du plan d'eau. Le village médiéval s'est édifié au lieu-dit actuel « Vieille église ». Au XIè siècle, on trouve l'église au lieu-dit actuel Macellumm-Mezel, mais c'est en 1106 qu'un prieuré s'implante sous le nom de Saint-Jorioz, confirmé par bulle pontificale. La « Provenche », terroir des revenus du prieuré s'étend de Saint-Eustache jusqu'au lac. Mais au XVè siècle, ce prieuré périclite et le seigneur de Duin en récupère les droits.

Les paysans, qui ne cessent de payer taxes et redevances à ces sires ou autres moines, vivent de la pêche, de l'élevage laitier et de la polyculture vivrière. Les habitants, surnommés « lou Corbé » (les corbeaux), sont plus d'un millier à la veille de la Révolution française et certains d'entre eux travaillent dans l'une des quatre tuileries du pays. La production est acheminée en barques jusqu'aux toits annéciens.

Saint Nicolas de Myre est à l'honneur en 1886, puisqu'on lui consacre la nouvelle église paroissiale. Les tuileries ferment leurs portes sauf une qui, poursuivant ses activités avec bonheur, produit des tuiles mécaniques et surtout de la terre cuite spéciale destinée aux fonderies Paccard, installées à Annecy-le-Vieux. Entre les deux guerres du XXè siècle, on ouvre la plage et quelques hôtels et villas meublées, jouant par là la carte touristique. C'est le début du tourisme lacustre avec campings et hôtels, puis dans les années soixante « lou Corbé », ouvrent la zone artisanale. On compte alors plus de 1800 habitants au bourg.

Le vaste terroir permet un important essor démographique et aujourd'hui, ils sont près de 5 000 Saint-Joriens, faisant fonctionner d'importantes infrastructures touristiques ainsi qu'une petite industrie non polluante.

A lakeside village, Saint-Jorioz is built on the Laudon dejection cone, the largest flow of water into the lake, but at a good distance from the lake itself. The medieval village was built on the site currently known as Vieille église (Old church). In the 11th century, a church could be found on the site currently called Macellumm-Mezel, but it was in 1106 that a priory was set up with the name of Saint-Jorioz, confirmed by a papal bull. The "Provenche", land from the income from the priory, extends from Saint-Eustache to the lake. But in the 15th century, the priory was in a state of collapse and the lord of Duin took back the rights to it.

The peasants, who were continually paying taxes and duties to these lords or other monks, made a living from fishing, raising dairy cows and mixed farming. The inhabitants, nicknamed "lou Corbé" (the crows), numbered more than a thousand on the eve of the French Revolution and some of them worked in one of the four tileries in the region. The tiles produced were taken in boats to the houses in Annecy.

Saint Nicolas de Myre was honoured in 1886, when the new parish church was devoted to him. The tileries all closed down bar one which, happily going about its activities, produced mechanical tiles and, in particular, special terra cotta tiles designed for the Paccard foundries in Annecy-le-Vieux. Between the two wars of the 20th century, the beach and a few hotels and furnished villas were opened, thereby playing the tourism card. This was the start of lake tourism with campsites and hotels, and then in the 1960s "lou Corbé" opened the area of craft industry. At that time there were more than 1,800 inhabitants in the village.

The vast lands have allowed a large demographic expansion and today Saint-Jorioz has almost 5,000 inhabitants, running large tourist infrastructures and a small non-polluting industry.

Sevrier

La piste cyclable que nous empruntons depuis Faverges est dessinée sur l'ancien tracé de la voie ferrée fermée en 1953, puis en 1964 entre Saint-Jorioz et Annecy. C'est aujourd'hui une piste cyclable fort prisée des Annéciens et des riverains où se bousculent vélos, rollers et piétons.

Le terroir de la commune est étriqué, coincé entre le Semnoz et le lac. Les premiers Sévriolains arrivent ici à l'âge du bronze et fondent la « station » de Châtillon. On trouve une villa gallo-romaine au lieu-dit La Planche. Les moines s'implantent en 1238, alors que l'église consacrée à saint Oyen est déjà là.

Un habitant fort habile, Pierre Falconnet, profite de la gelure totale du lac en 1573 pour en mesurer la largeur et trouver 2 431 aunes. Falconnet et ses compatriotes vivent de la pêche, de la forêt voisine et d'un petit artisanat à destination d'Annecy distante de moins de 2 lieues.

Au XIXè siècle, les bateaux à vapeur, le train et la route empierrée transforment la vie des Sévriolains, mais ils sont encore beaucoup à quitter ce long village-rue. Ici comme tout autour du lac, c'est le tourisme qui le fait revivre au XXè siècle. On développe la plage, le nautisme, la pêche, les campings, les hôtels et les restaurants ainsi qu'une petite zone artisanale et commerciale.

Et aujourd'hui, le sénateur maire Pierre Hérisson est fier de vous dire que sa ville

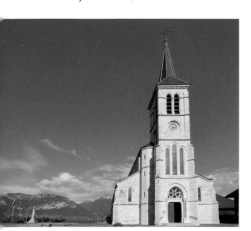

compte plus de 3 000 habitants. Si un jour vous passez par Sevrier, ne manquez pas de visiter le musée de la cloche (usine Paccard) et le musée du costume savoyard à deux pas de l'église. Et puis les promenades à pied ne manquent pas, dans une commune qui mène de front les fonctions résidentielle, artisanale et touristique. Marcher le long des rives lacustres est possible épisodiquement. Remercions les propriétaires de l'Oasis (excellente friture de lac) et ceux d'une magnifique villa de bois peint en blanc, sise à proximité et qui ont aménagé un cheminement au pied de leur maison.

The cycle track we take from Faverges follows the course of the old railway closed in 1953, and in 1964 between Saint-Jorioz and Annecy. Today it is a cycling track which is highly prized by the Annéciens and the locals, where bicycles, roller-bladers and pedestrians vie for space.

The commune land is narrow, stuck between the Semnoz and the lake. The first Sévriolains arrived here in the Bronze Age and founded the "resort" of Châtillon. There is a Gallo-Roman villa at the site called La Planche. The monks settled in 1238, while the church devoted to Saint Oyen was already there.

A very adept inhabitant, Pierre Falconnet, took advantage of the lake freezing over completely in 1573 to measure its width and find 2,431 alders. Falconnet and his compatriots made a living from fishing, the neighbouring forest and a small craft industry destined for Annecy, less than 2 leagues away.

In the 19th century, steamboats, the train and the metalled road transformed the life of the Sévriolains, but still many of them left this long village-street. Here, as all around the lake, it was tourism which brought it back to life in the 20th century. They developed the beach, water sports, fishing, campsites, hotels and restaurants, as well as a small craft industry and shopping area.

And today, the senator mayor Pierre Hérisson is proud to tell you that his village has more than 3,000 inhabitants. If one day you pass through Sevrier, do not fail to visit the bell museum (Paccard factory) and the Savoyard costume museum just a short distance from the church. And there is no shortage of walks, in a commune which handles the functions of a residential, craft industry and tourist village all at the same time. A walk along the shores of the lake is possible occasionally. Lets thank the owners of l'Oasis (excellent fried fish from the lake) and those of a magnificent white painted villa to be found nearby, who have fixed up a path at the foot of their house.

Après avoir fait le tour du lac, découvrons maintenant ce que d'aucun appelle la banlieue d'Annecy. Faisant toutes partie de la communauté d'agglomération, ces communes ont toujours vécu en symbiose avec la grande ville, tirant chacune son épingle du jeu dans une saine émulation, même si parfois, il y eut et il y a du tirage. Chaque ville a sa spécificité, souvent définie par son implantation.

After visiting the lake, we now discover the area that some call the suburbs of Annecy. All forming part of the agglomeration community, these towns have always lived in symbiosis with the city, each trying to healthily emulate it, although there has been copying in the past. Each town has its own peculiarity, often defined by how it was established.

ANNECY LE VIEUX

La ville doit son nom à Anicius riche propriétaire terrien de ce temps de Pax romana. La villa de Licinus Tinturinus, qui lui fait un peu de concurrence, s'étend au lieu-dit les Barattes et il existe encore là une grosse ferme dont les animaux distraient parfois les potaches du collège voisin. Quoi qu'il en soit, on trouve pour la première fois en 867 le nom de Anesciacum. Les villageois cultivent notamment la vigne et les céréales. Au XIIè siècle on édifie une église dans le style de l'époque ce qui nous permet, encore aujourd'hui, n'ayons pas peur des mots, d'admirer le plus beau clocher roman de Haute-Savoie, resté seul debout après la démolition de l'église. Ce clocher est célèbre pour ses deux rangs de fenêtres géminées, séparées par de petites colonnes à chapiteaux, si caractéristique du style roman.

The town owes its name to Anicius, a rich landowner from the times of Pax romana. The villa of Licinus Tinturinus, which competes with it to a certain extent, extends across the place known as les Barattes, and there is still a large farm there whose animals occasionally distract the school kids in the neighbouring school. Whatever the case, the name of Anesciacum appears for the first time in 867. The villagers were involved mainly in growing vines and cereal crops. In the 12th century they built a church in the style of the period, which allows us, even today, and let's not be afraid to say it, to admire the most beautiful Romanesque church tower in Haute-Savoie, the only thing to remain standing after the church was demolished. This tower is famous for its two rows of twin windows, separated by small columns with capitals, so characteristic of the Romanesque style.

In 1352, the hamlet of Brogny, quite a way from the town, was the birthplace of Jean Fraczon, who went on to become the cardinal of Brogny in 1385. Throughout the Middle Ages, people made their living here from mixed farming for food production, rearing dairy cows, growing vines and a little of the neighbouring forest. However, it has to be said that exposure to the setting sun attracted the rich Annecy bourgeoisie, who had a number of beautiful villas built for them here and found a pleasant playground.

Statue de Gabriel Fauré.

En 1352, naît au hameau de Brogny, bien loin du bourg, Jean Fraczon qui deviendra le cardinal de Brogny en 1385. Tout au long du Moyen-âge, on vit ici toujours de la polyculture vivrière, de l'élevage laitier, de la vigne et un peu de la forêt voisine. Cependant, il faut bien dire que l'exposition au soleil couchant attire les riches bourgeois annéciens qui se font bâtir quelques belles villas et qui trouvent ici un agréable terrain de jeux.

C'est ici qu'en 1857, le sieur Antoine Paccard, originaire de Quintal, installe sa fonderie de cloches. De renommée mondiale, cette entreprise voit son heure de gloire sonner en 1891 avec la fonte de la Savoyarde, cloche destinée au Sacré Cœur de Paris. Aujourd'hui installées à Sevrier, les fonderies Paccard écoutent leurs cloches teinter et égrainer les heures tout autour du monde, de Paris à Buenos-Aires, via New York et du Cap à la Changaï.

Si la vigne a donné leur surnom aux Ancileviens qu'en un temps on appelait « lou Gaviules » (les bottes de sarments), la ville reste la patrie de l'explorateur Joseph Marie Baud (1864–1904) et est fière de la présence dans ses murs au XIXè siècle de grands noms comme Eugène Sue, Alexandre de Custine, John Ruskin et du plus célèbre d'entre eux le musicien Gabriel Fauré. Ce dernier s'installe dans une belle maison à proximité du clocher et il peut chaque jour découvrir à ses pieds Annecy et le lac. Le tramway qui traverse la commune n'apporte guère d'activités, même si la gare de « Sur-les-Bois » est édifiée à proximité de la fruitière. D'un peu plus de 2 000 habitants en 1946, la commune passe à près de 5 000, en 1962. Les années soixante-dix voient l'ouverture du parc des Glaisins, qui accueille un très grand nombre d'entreprises, de Salomon au Crédit agricole, de Sopra à Alcatel, en passant par Digital et Interlac, et par la construction du pôle universitaire tournée vers le génie mécanique et électronique à deux pas du LAPP, (Laboratoire d'Annecy-le-Vieux de Physique des Particules).

Aujourd'hui, frôlant les 20 000 habitants selon son maire le député Bernard Accoyer, la ville, chef-lieu de canton, est la cinquième du département. Ville du lac, avec son port et ses activités de loisirs, ville touristique avec ses hôtels et ses restaurants, Annecy-le-Vieux joint agréablement une fonction de ville résidentielle et industrielle.

It was here in 1857 that Mr Antoine Paccard, a native of Quintal, set up his bell foundry. His company achieved world renown and experienced its moment of crowning glory in 1891 with the casting of la Savoyarde, a bell designed for the Sacré Cœur in Paris. Nowadays the Paccard foundries are in Sevrier, and can hear their bells ringing and chiming the hours all around the world, from Paris to Buenos Aires via New York, and from Cape Town to Shanghai.

If the vine has given the Ancileviens their nickname (they were once known as "lou Gaviules", which means "bunches of vine shoots"), the town is also the birthplace of the explorer Joseph Marie Baud (1864–1904) and is proud to have had within its walls in the 19th century such great names as Eugène Sue, Alexandre de Custine, John Ruskin and the most famous amongst them, the musician Gabriel Fauré. The latter took up residence in a beautiful house near the church tower and was able every day to explore Annecy and the lake. The tram which runs across the commune brought very little activity, despite the building of the "Sur-les-Bois" station in the vicinity of the cheese dairy. From a population of a little over 2,000 in 1946, the commune had almost 5,000 inhabitants in 1962. The 1970s saw the opening of the Glaisins park, which is home to a very large number of companies, from Salomon to Crédit Agricole, from Sopra to Alcatel, via Digital and Interlac, and the construction of the university area with its leaning towards mechanical and electronic engineering, just a stone's throw from the LAPP (Laboratoire d'Annecy-le-Vieux de Physique des Particules, a particle physics laboratory).

Today, with nigh on 20,000 inhabitants, according to its mayor the MP Bernard Accoyer, the town, which is the canton's "county town" equivalent, is the fifth largest in the département. A lakeside town, with its port and its leisure activities, and a tourist town with its hotels and restaurants, Annecy-le-Vieux is a pleasant combination of residential and industrial town.

La plage d'Albigny.

Argonay, qui s'appelait autrefois Argonnex, doit la modification de son nom (1971) au « grand homme » de la commune, Arthur Lavy.

Ancienne propriété des sires de Monthoux, le village voit son église brûler à la fin du XIVè siècle. Les Argonautes, gens réputés têtus que l'on surnomme « lou Bochets » (les Boucs) obtiennent que le pape finance en partie sa reconstruction, achevée vers 1411. En 1425 on achève la chapelle de Monthoux.

Argonay est resté pendant longtemps une « réserve agricole », mais Arthur Lavy, maire de 1935 à 1986, soit plus d'un demi-siècle et qui fut également président du Conseil général et sénateur a complètement transformé sa commune pour lui donner d'autres ressources que celle des vaches et éviter qu'elle ne devienne un dortoir annécien, selon ses paroles.

Aux temps modernes, Argonay possède une belle zone industrielle avec des sociétés de renommée comme les Avions Dassault, Maped, S.N.R. ou Wirth et Gruffaz, ainsi que le Lycée Louis Lachenal, le grand lycée technique de l'agglomération. D'autre part la polyclinique privée d'Argonay jouit d'une grande réputation. Les Argonautes, dont la devise est « Tout en bien » croissent de plus de 50 % entre 1982 et 1990 et ils dépassent aujourd'hui les 2 000 habitants.

Argonay, which was formerly called Argonnex, owes its name change in 1971 to the "great man" of the town, Arthur Lavy.

An ancient stronghold of the Sires of Monthoux, the village witnessed its church burn to the ground at the end of the 14th century. The people from Argonay, who are reputedly so stubborn that they are called "lou Bochets", (les Boucs, or the Goats), persuaded the Pope to part-finance the church's reconstruction, which was completed around 1411. In 1425 Monthoux Chapel was constructed.

Argonay remained an "agricultural reserve" for a long time, but Arthur Lavy, mayor for over half a century between 1935 and 1986, also president of the general council and senator, completely transformed his town to give it other resources apart from cows, ensuring that it did not turn into a ghost town, in his own words.

Nowadays Argonay has a pleasant industrial area that is home to well-known companies such as Avions Dassault, Maped, SNR or Wirth et Gruffaz, as well as the Lycée Louis Lachenal, the area's great technical secondary school. Additionally, Argonay's private general hospital enjoys a fantastic reputation. People from the town, with their motto of "Everything Good", grew by more than 50% between 1982 and 1990, and is home today to more than 2,000 inhabitants.

ARGONAY

METZ-TESSY

Il semble bien que Metz doive son nom à une dérive de mansus ou mansio, signifiant exploitation agricole. Ce petit village s'édifie sur la rive ouest du Viéran au bord des immenses marais d'Epagny. La paroisse, consacrée à saint Didier, apparaît en 1316 puis, il se bâtit un petit prieuré.

On trouve au XVIIè siècle un château au lieu-dit Grand-Metz. Nicolas Baytas de la Tour unifie les seigneuries de Metz et de Tessy en 1699. Les « Ventre noirs » messins et les « Fous » tesserands sont 283 en 1806 et pour la plupart, ils cultivent la terre. Ils produisent du blé, du seigle et pratiquent l'élevage laitier.

Metz-Tessy est la patrie de Jean François Tochon (1772–1820), officier mais surtout archéologue et numismate, membre de l'académie des Sciences de Turin. En 1875, les franciscains fondent un couvent transformé ensuite en institution pour sourds-muets. C'est en 1935 que la commune prend définitivement le nom de Metz-Tessy.

Dans la deuxième moitié du XXè siècle, la commune connaît un impressionnant essor en devenant une commune-dortoir, au charme rural indéniable. Néanmoins une zone artisanale s'ouvre en bordure de la route 508 et dans les années 90, on remodèle le centre du village, fort à ce jour d'environ 2 500 habitants. Le début du XXIè siècle voit la construction sur le terroir communal, sur le Parc de la Bouvarde, du grand hôpital de l'agglomération annécienne.

It seems that Metz owes its name to a derivation of mansus or mansio, meaning agricultural development. This small village was built on the west bank of the Viéran beside the immense Epagny marshes. The parish, dedicated to Saint Didier, appeared in 1316, before a small priory was built.

The 17th century brought with it a château in the area called Grand-Metz. Nicolas Baytas de la Tour unified the municipalities of Metz and Tessy in 1699. The "Ventre Noirs" (Black Bellies) from Metz and The "Fous" (Mad People) from Tessy numbered 283 and 1806 respectively in 1806 and, in most cases, worked the land, producing wheat and rye, as well as rearing dairy cows.

Metz-Tessy is the land of Jean François Tochon (1772 – 1820), an officer but above all an archaeologist and numismatist, member of the Turin Science Academy. In 1875 the Franciscans founded a monastery, that was soon transformed into an institute for the deaf and dumb. It was in 1935 that the town officially took the name Metz-Tessy.

During the second half of the 20th century the village underwent an impressive boom, becoming a bedroom suburb with an undeniable rural charm. Nonetheless, a traditional craftsmanship area opened at the side of road 508 and, in the 90's, the centre of the village was totally remodelled, which had some 2,500 inhabitants at the time. The dawn of the 21st century brought with it the construction, on communal land in the Parc de la Bouvarde, of the large hospital for the Annecy agglomeration.

A Piedmont village well exposed to the south, Epagny has some fine land on the slopes of the hills, which climb up to 800 metres above the Favre, and marshes in the alluvio-glacial plain which has accumulated behind the Chaumontet glacial rock bar.

The parish was mentioned for the first time in 1316 and a certain Jean de Pontverre lived in a château at Epagny, while a Compey lived on the hill. However, the marshes became more and more unbearable, not just for "lou Prenieu de sansoui" (Leech collectors), the nickname given by their neighbours to the Epagniens, but for all the inhabitants of the neighbouring populated area. Consequently, the government decided to drain them in 1775. But work did not begin until 1830. Two canals were dug, the Calvi canal and the "monnaie" canal, to take the water to the nearby Fier. In 1940, the Vichy government was still continuing with the works and civilians who refused to work for the German war effort hid in this huge area. Meanwhile, people made their living here, as everywhere, from mixed farming and dairy cows. The people, as elsewhere in Haute-Savoie, left the region.

The great leap forward for the commune came when decision was taken to use the former marshland to build a huge shopping area, with attractive luminous signs, called Grand Epagny.

Thanks to the royalties entering the commune's coffers, the council was able to renovate or rebuild commune buildings (town hall and schools), and develop enormous housing estates, leading to the emergence of a genuine town, pushing the agricultural land ever further back. There was still an enormous farm, fortunately for lovers of quality produce, but it would soon close down, to the delight of those who dislike farm smells. The population increased by 61% between 1975 and 1982 and was around 3,500 inhabitants by the end of 2006.

Village de piémont bien exposé au sud, Epagny a un terroir de bonnes terres sur le versant des collines qui grimpent jusqu'à 800 mètres au-dessus des Favre et de marais dans la plaine alluvio-glaciaire qui s'est entassée en arrière du verrou glaciaire de Chaumontet.

On mentionne pour la première fois la paroisse en 1316 et un certain Jean de Pontverre habite dans un château à Epagny, tandis qu'un Compey habite sur la colline. Cependant les marais deviennent de plus en plus insupportables, non seulement pour « lou Prenieu de sansoui » (Preneurs de sangsues), surnom donné par leurs voisins aux Epagniens mais aussi pour tous les habitants de l'agglomé-ration voisine et le gouvernement sarde décide de leur assèchement en 1775. Mais les travaux ne débutent qu'en 1830. On creuse deux canaux, de Calvi et de la monnaie, pour amener l'eau au Fier voisin. En 1940, le gouvernement de Vichy poursuit encore les travaux. Réfractaires et évadés d'Allemagne sont cachés dans ce vaste chantier. Entre temps on vit ici, comme partout, de la polyculture et de l'élevage laitier. Les gens, comme partout en Haute-Savoie, quittent le pays.

Le grand bond en avant de la commune se situe au moment où il est décidé d'aménager, sur l'ancien marais, une vaste zone commerciale aux enseignes lumineuses et attirantes, sous le nom de Grand Epagny.

Grâce aux royalties qui tombent dans l'escarcelle communale, la municipalité rénove ou reconstruit les bâtiments communaux (mairie et écoles), développe de vastes chantiers de logements et une véritable ville sort de terre repoussant toujours plus loin les terres agricoles. Il reste une énorme ferme, pour le bonheur des amoureux des produits de qualité, mais elle ne tardera pas à fermer ses portes pour le bonheur de ceux qui redoutent les odeurs de la ferme. La population progresse de 61 % entre 1975 et 1982 et se situe autour de 3500 habitants à la fin de l'année 2006.

LA BALME DE SILLINGY

La commune s'est développée sur la commande du verrou glaciaire de la cluse alpine d'Annecy. Si le chef-lieu se situe à environ 480 mètres altitude le terroir communal culmine lui à 927 mètres, dans la Mandallaz.

L'heure de gloire de la Balme (qui doit son nom aux grottes voisines) se situe en 1306 lorsque le comte Amédée II vient rédiger son testament dans la maison forte de la « Balme de Cosengy ». Une autre grande figure de la commune est celle de Blanche d'Arlay qui deviendra comtesse de Genève et en 1691. Au milieu du XVIIIè siècle les 330 Balméens, surnommés « Mdieu de renoye » (mangeurs de grenouilles) vivent principalement de polyculture vivrière et élevage laitier.

En 1880, on édifie, pour les 880 habitants, une église dédiée à saint Martin, mais l'exode rural se poursuit et en 1945, ils ne sont plus que 550 à soutenir la Résistance et protéger le maquis de la Mandallaz.

En 1980, la structure de la commune évolue rapidement, la dernière fruitière ferme ses portes et la Municipalité, qui cherche a éviter que le bourg de devienne une commune-dortoir, multiplie les efforts pour installer des zones artisanales (Grandes Vignes, et Lompraz) et se doter d'installations éducatives, comme le collège ou touristiques, comme le plan d'eau.

Passés de 1 940 âmes en 1982 à plus de 4 000 aujourd'hui, les habitants sont fiers de leurs villes et des multiples activités, témoin l'espace 2000.

La Balme de Sillingy au pied de la Mandallaz.

The commune developed at the command of the glacial rock bar of Annecy's alpine transverse valley (cluse). Although this "county town" stands at an altitude of around 480 metres, the commune land reaches its highest point at 927 metres, in the Mandallaz.

The moment of glory for Balme (which owes its name to the neighbouring caves) came in 1306 when count Amédée II came to draw up his testament in the house fort of la "Balme de Cosengy". Another major figure in the commune is that of Blanche d'Arlay, who would become countess of Geneva in 1691. In the mid-18th century the 330 Balméens, nicknamed "Mdieu de renoye" (frog eaters) lived mainly from mixed farming and raising dairy cows.

In 1880, the 880 inhabitants had a church built for them, dedicated to Saint Martin, but the rural exodus continued, and in 1945 there were a mere 550 left to support the Resistance and protect the maquis of la Mandallaz.

In 1980, the structure of the commune evolved rapidly, the last cheese dairy closed its doors and the Municipal council, seeking to avoid the village becoming a dormitory commune, multiplied its efforts to install craft industry areas and provide itself with educational facilities like the school, and tourist facilities like the lake.

Having increased in number from 1,940 in 1982 to more than 4,000 today, the inhabitants are proud of their towns and their wide variety of activities, with one example being "l'espace 2000".

Sillingy, commune voisine, garde pour sa part la sortie du verrou glaciaire de Chaumontet.

Les Romains, qui exploitaient la source thermale de Bromines, sont venus ici. Nous en avons des preuves retrouvées dans les hameaux de Seysolaz, Arzy ou encore Quincy. La paroisse de Sillingy apparaît pour la première fois en 1039 et en 1637 son prieuré est rattaché à l'abbaye de Talloires.

En 1804, ceux que l'on surnomme « lou Mdieu d'Erson » (mangeurs de hérissons), reprennent la vénération à la Vierge des Gouilles de l'Oratoire.

Dans la deuxième moitié du XXè siècle, on lance des zones artisanales (Maladières et Culas) ainsi que la Z.A.E. d'Epagny-Sillingy et la pression foncière modérée attire de plus en plus de citadins du bassin annécien. On recense 1343 habitants en 1975, 1652 en 1982 et on dépasse en 2007 les 3 500 âmes.

Sillingy, the neighbouring commune, guards the exit to the glacial rock bar of Chaumontet.

The Romans, who operated the thermal springs of Bromines, came here. Proof of their presence can be found in the hamlets of Seysolaz, Arzy and Quincy. The parish of Sillingy appeared for the first time in 1039, and in 1637 its priory was attached to the abbey of Talloires.

In 1804, the people nicknamed "lou Mdieu d'Erson" (hedgehog eaters) resumed the veneration of the Virgin des Gouilles de l'Oratoire.

In the second half of the 20th century, craft industry areas were created, and the Z.A.E. (economic activity area) of Epagny-Sillingy, and the moderate property prices attracted more and more people from the Annecy basin. The census recorded 1,343 inhabitants in 1975, 1,652 in 1982 and more than 3,500 in 2006.

POISY

Construite sur des terrasses alluviales, la commune de Poisy est restée très longtemps une commune agricole et ce depuis les Burgondes, dont on trouva douze tombes à Vernod.

Au XIIIè siècle on note un prieuré et en 1404 cet établissement religieux passe sous la commande de l'abbaye d'Entremont. Marc Antoine de Granery fut, de 1666 à 1702, un prieur efficace et apprécié.

En 1859 on édifie une église de style néo-gothique tout en gardant le magnifique clocher quasi roman à fenêtres géminées. Les Poiserands font-ils concurrence aux Balméens quant à la pêche à la grenouille puisqu'on les surnomme également « lou Renoillus »? Mais certains individus des villages alentours les ont affublés d'un autre surnom « lô Bétieu » (les Abêtis). A voir l'évolution fort harmonieuse de la commune et l'esprit d'entreprise de ses habitants, je ne puis être d'accord avec eux. En 1886, une centaine de paysans fondent ici une fruitière. Cette dernière fonctionnera plus d'un siècle absorbant le lait des communes voisines.

Mais au XXè siècle la commune connaît une demande d'habitats de plus en plus forte et la Municipalité décide du programme de Poisy-village au cœur de la cité. De plus, ouverte en 1962, l'école d'agriculture de Poisy a acquis une renommée nationale. En 1982, on frôle les 3 000 habitants et, même si aujourd'hui le lait part aux fermiers savoyards de Frangy et si une grande majorité des Poiserands vont travailler sur Annecy, la zone de Valparc offre quelques embauches, tout comme le centre professionnel d'apprentis de Macully.

Poisy est une commune résidentielle fort appréciée et la population avoisine les 7 000 habitants, qui tiennent, avec leur maire Pierre Bruyère, à garder leur âme.

Built on alluvial terraces, for a long time Poisy remained an agricultural commune, since the times of the Burgundians, twelve of whose graves were discovered in Vernod.

In the 13th century there was a priory here, and in 1404 this religious establishment came under the orders of the abbey of Entremont. Marc Antoine de Granery was, from 1666 to 1702, an effective and popular prior.

In 1859 a neo-Gothic style church was built, while retaining the magnificent quasi-Romanesque tower with twin windows. The Poiserands competed with the inhabitants of Balme insofar as frog fishing was concerned, because they too were nicknamed "lou Renoillus". But certain people from the surrounding villages attached another nickname to them: "lô Bétieu", which means "the ones with addled brains". In view of the very harmonious development of the commune and the entrepreneurial spirit of its inhabitants, I cannot agree with them. In 1886, a hundred or so peasants founded a cheese dairy here which, for more than a century, would absorb the milk from the neighbouring communes.

But in the 20th century the commune saw an ever-increasing demand for places to live and the Municipal council decided on the Poisy-village programme at the heart of the village.

What's more, the Poisy school of agriculture, opened in 1962, has acquired national renown. In 1982, there were nigh on 3,000 inhabitants here and, although today the milk is sent to the Savoyard Farmers of Frangy and a large majority of Poiserands go to work in Annecy, the Valparc area offers a number of job opportunities, as does the Macully professional trainee centre.

Poisy is a very popular residential commune with a population approaching 7,000 inhabitants, who are keen, along with their mayor Pierre Bruyère, to maintain its soul.

MEYTHET

La Mairie.

Le site de Meythet est assez compliqué sauf si l'on admet que le village s'est implanté sur le plateau alluvial dominant la gorge entaillée par le Fier, au droit de ce qui est aujourd'hui le Pont de Tasset. Le passé historique de ce village est maigre. On sait cependant qu'en 1801, le Concordat voulu par Napoléon Ier supprime la paroisse qui ne compte que 103 « Gotreux ».

Au XIXè siècle, la présence industrielle chez sa voisine de Cran-Gevrier, aide à sa croissance et on compte à nouveau 400 âmes en 1906. Les Meythesans travaillent peu chez eux. Les terres ne sont pas très bonnes et rares. En passe de devenir une commune-dortoir, Meythet voit sa première chance arrivée avec la décision du Ministère de la Guerre d'ouvrir un aérodrome militaire. Nous sommes dans les années 30 et on exproprie 11 hectares de prés sur les communes de Meythet, Epagny et Metz-Tessy.

Ils sont encore nombreux à se souvenir de la chute d'un appareil britannique, le 15 août 1943, sur le pont de Tasset, à cheval sur Meythet et sur Cran-Gevrier, chute qui fit 10 victimes. Après la guerre on ouvre l'aérodrome et on implante quelques industries sur le plateau. En 1962, Meythet accueille de nombreux « Pieds noirs » et elle devient une vraie ville avec 2 434 habitants.

La vocation industrielle se révèle avec la mise en œuvre de la zone industrielle du Fier. Ces zones aménagées à la périphérie d'Annecy s'expliquent par le fait que des usines, telles la S.N.R., les Pompes Guinard, Vallanzesca ou Burtin, quittent Annecy pour s'agrandir et se moderniser. Ainsi au fil des ans 12 % du terroir communal est en zones industrielles. De 1968 à 1982, la population rajeunie et double, pour atteindre 7 601 habitants dont 4 000 actifs. Les municipalités successives ont doté la commune d'infrastructures scolaires et de loisirs d'importance et le maire élu en 2001, Sylvie Gillet de Thorey, vice-présidente du Conseil Régional, poursuit sur cette lancée, pour une population qui dépasse probablement les 8 500 habitants en 2007.

The site of Meythet is quite complicated, except when it is recognised that the village is situated on the alluvial plateau that dominates the gorge of the Fier, to the right of what is now known as the Pont de Tasset. Little is recorded about the past of this village. It is known, however, that in 1801, the Concordat of Napoleon I suppressed the parish which, at that time, had only 103 "Gotreux".

In the 19th century the industrial presence in neighbouring Cran-Gevrier helped with the town's growth, and 400 people were already living there by 1906. Meythet's population did not really work the local land, as it was scarce and not very good quality. Instead of becoming a sleeping suburb, Meythet saw its first opportunity arrive with the decision of the War Ministry to open a military aerodrome in the area. It was now the 30's and 11 hectares of meadows in the towns of Meythet, Epagny and Metz-Tessy were dispossessed.

Many people still remember August 15th 1943, when a British plane crashed onto the Tasset Bridge over Meythet and Cran-Gevrier, killing 10 people. After the war the aerodrome was opened, and several industries were set up on the plateau. In 1962 Meythet welcomed numerous "Pieds Noirs" (Black Feet), and became a true town with 2,434 inhabitants.

The town's industrial vocation could be clearly seen with the setting up of the Fier industrial zone. These areas, located on the outskirts of Annecy, came about as the result of factories from companies such as SNR, Pompes Guinard, Vallanzesca or Burtin, moved out of Annecy to grow and to modernise. So, as the years went by, 12% of the town's areas could be found in these industrial zones. Between 1968 and 1982, the population was rejuvenated, doubling to 7,601 inhabitants, with 4,000 active citizens. Successive municipalities have given the town important educational and leisure infrastructures, with the mayor elected in 2001, Sylvie Gillet de Thorey, vice president of the regional council, keeping up the good work, resulting in a population that will probably be over 8,500 by 2007.

Immeuble «le Rabelais».

CRAN GEVRIER

Place Chorus.

La ville de, traversée par le Thiou, émissaire du lac d'Annecy qui se jette dans le Fier sur la commune de Cran, doit son nom à l'existence de chutes d'eau à la confluence. Quant à Gevrier, cela vient du nom d'une villa gallo-romaine « Gabriacus », à moins que ce soit « Guivre » nom d'un serpent mythique.

Sa vocation industrielle, qui détruisit la forêt de Chevesnes encore mentionnée au XIIè siècle, s'affirme dès le haut Moyen-âge. Le Thiou accueille des moulins, des martinets, des battoirs ou des meules diverses et un monde ouvrier prend place sur la rive de la rivière.

Sur la colline d'Aléry qui domine le village de Cran, est bâtie un gros manoir (toujours visible aujourd'hui), propriété des Menthonay, puis des Saint-Jeoire, des Joly ou des Lucas. Ces derniers accueillirent Louis XIII lors de sa guerre contre le Savoyard, alors qu'Annecy, fermée sur ordre d'un noble de Sales, lui interdit l'entrée. On raconte que c'est dans cette maison que le cardinal de Richelieu, qui suit son roi, rencontre pour la première fois le jeune Mazarin. C'est le temps où les forges de Cran fabriquent des armes telles les épées, les dagues et autres coutelas.

En 1738, Gabriel Velasque fonde une papeterie, développée en 1801 par le sieur Aussedat. En 1794, le Gouvernement de salut public crée une manufacture de « limes et platines ». C'est Louis Frèrejean qui créé les Forges de Cran, près du pont de Tasset. Et en 1843, M. Laueffer ouvre une usine de tissage. Toute cette industrialisation draine une population de plus en plus importante et 1861, on compte 900 « Bouriques », surnom des Cran-Gevriens. En 1866, M. Frèrejean fait construire une église dédiée à l'Annonciation.

Le 14 mars 1902, la commune prend officiellement le nom de Cran-Gevrier. Entre les deux guerres la ville s'allonge le long de la rue de la République et 1935, on consacre une seconde église, celle du Pont-Neuf. Si en 1936, le Front populaire est magnifiquement fêté par les 3 600 habitants c'est que la ville est ouvrière et fière de l'être. On a là une banlieue rouge que la bourgeoisie annécienne regarde d'un mauvais œil.

En 1955, (5 500 habitants) la filature ferme ses portes, mais d'autres entreprises de plus petites tailles s'installent notamment dans la zone industrielle dite des Iles, sur les rives du Fier, que la commune partage avec sa voisine Meythet. La population continue de s'accroître et monte à l'assaut de la colline du Jourdil où l'on ouvre un collège en 1972 puis un lycée professionnel en 1975. En 1982, on recense 14 000 habitants.

Il nous faut dire un mot de la Municipalité de Jacques Poulet et le maire actuel, Jean Boutry, en conviendra. Jacques Poulet, enseignant du technique, va complètement remodeler le cœur de la ville. Un vaste chantier de plusieurs années s'ouvre en 1990 au centre du bourg : « Chorus », tandis qu'une nouvelle mairie voit le jour et que des parcs d'activités s'ouvrent aux entreprises, comme aux Cézardes ou aux Romains.

Grâce à ce gigantesque travail Cran-Gevrier est devenue une ville à part entière et non plus uniquement la ville de banlieue d'Annecy qu'elle a été. Le potentiel industriel se renouvelle sans cesse et la population actuelle, proche de 18 000 habitants peut compter sur plus de 500 entreprises indépendantes et communales dont 16 emploient plus de 50 personnes.

Un peu par nostalgie du passé glorieux de l'industrie dont elle est fière, un peu pour affirmer sa vocation industrielle, Cran-Gevrier s'est dotée d'un centre culturel et scientifique baptisé « La Turbine », implanté dans Chorus, à deux pas des roues dentées et la haute cheminée de briques rouges de l'ancienne filature.

The town, crossed by the river Thiou, an emissary of the lake at Annecy which gushes into the Fier in the commune of Cran, owes its name to the existence of waterfalls at the confluence. As for Gevrier, that comes from the name of a Gallo-Roman villa "Gabriacus", unless it comes from "Guivre" the name of a mythical serpent.

Its industrial vocation, which destroyed the forest of Chevesnes (still mentioned in the 12th century), has been well established since the early Middle Ages. The Thiou is home to mills, power hammers, battledores and a variety of millstones, and a whole working world takes its place on the banks of the river.

On the hill of Aléry, which overlooks the village of Cran, there is a large manor (still visible today), property of the Menthonay family, then of the Saint-Jeoire, the Joly and the Lucas families. The latter family welcomed Louis XIII during his war against the Savoyards, while Annecy, closed on the orders of a Sales nobleman, forbade him entry. The story goes that it was in this house that Cardinal de Richelieu, who followed his king, first met the young Mazarin.

This was the time when the forges of Cran manufactured weapons such as swords, daggers and other knives.

In 1738, Gabriel Velasque founded a paper mill, developed in 1801 by a man called Aussedat. In 1794, the public health authorities created a "files and plates" factory. It was Louis Frèrejean who created the Cran Forges, near the Tasset bridge. And in 1843, Mr Laueffer opened a weaving factory. All this industrialisation drew on an ever-increasing population, and in 1861 there were 900 "Bouriques", the nickname for the Cran-Gevriens.

In 1866, Mr Frèrejean had a church built, dedicated to the Annunciation.

On 14th March 1902, the commune officially took the name of Cran-Gevrier. Between the wars the town stretched all the way along the rue de la République and in 1935 a second church, the church of Pont-Neuf, was consecrated. When, in 1936, the Popular Front was magnificently feted by the 3,600 inhabitants, it was because the town is a working class town and proud of it. There is a red suburb there which the bourgeoisie of Annecy looks on with disdain.

In 1955, (5,500 inhabitants) the spinning mill closed down, but other smaller companies set up, particularly in the industrial area called des Iles, on the banks of the Fier, which the commune shares with its neighbour Meythet. The population continued to grow and began the assault on the Jourdil hill, where they opened a school in 1972 and then a secondary school for vocational training in 1975. In 1982, the census recorded 14,000 inhabitants.

We should say a word about the Municipal council of Jacques Poulet and the current mayor, Jean Boutry, will agree with that. Jacques Poulet, a teacher in technical education, was the man who completely remodelled the heart of the town. A huge building site, called "Chorus", several years in the making, opened in 1990 in the centre of the town: meanwhile, a new town council came into being and activity parks were opened to companies, as in les Cézardes and les Romains.

Thanks to this huge work, Cran-Gevrier has become a town in its own right and no longer just the suburb of Annecy that it was. The industrial potential is constantly being renewed and the current population, close to 18,000 inhabitants, can count on more than 500 independent commune companies, of which 16 employ more than 50 people.

Partly through nostalgia for the glorious past of the industry it is proud of, partly to confirm its industrial vocation, Cran-Gevrier now has a cultural and scientific centre called "La Turbine", built in Chorus, just a short distance from the cog wheels and the tall, red brick chimney of the former spinning mill.

SEYNOD

Vue de la Mandallaz.

La commune de Seynod, née sur un site de mont à l'ouest d'Annecy, domine la plaine annécienne. Son terroir s'étire le long de l'axe routier Annecy – Aix les Bains et monte jusqu'à 1020 mètres dans le Semnoz.

La Saginatum romaine doit peut-être son nom à un lieu où l'on engraissait les porcs. En 1561, on compte 407 Seynodiens que d'aucuns ont surnommé « les R'blachon » (les Reblochons) car il semble bien que la pratique, que nous verrons du côté du Grand-Bornand, soit largement utilisée par les paysans et les métayers qui, à côté d'un élevage laitier, cultivent des céréales. Quelques moulins, comme celui de l'Enfer, bâtis sur le ruisseau des Trois Fontaines, donnent un embryon d'artisanat ; la ville d'Annecy n'entraînant ici aucun phénomène banlieusard comme on a pu le voir avec Cran, voire Annecy-le-Vieux.

Jusqu'à l'aube du XXè siècle Seynod reste un village et lorsque la Grande guerre emporte 28 jeunes, le pays ne compte qu'un peu plus de 500 âmes.

Ce n'est que dans les années soixante que Seynod commence à participer à l'expansion démographique du bassin annécien. On urbanise le quartier de Barral, tandis que Seynod (2 383 habitants en 1962) implante des entreprises industrielles dans la zone de Vovray qu'elle partage avec Annecy.

Mais le grand tournant va être amorcé par Jacques Besson et poursuivi par Françoise Camusso, maire actuelle. On construit un nouveau centre urbain autour de la nouvelle mairie et de la Z.A.C. de Champfleuri, dessinée par l'architecte Novarina. Les immeubles poussent et la population croît très vite à tel point qu'en 1973 on ouvre un collège, un lycée technique et 5 nouveaux groupes scolaires. La commune se dote d'équipements sportifs et culturels à la hauteur de ses ambitions. Le chef-lieu de canton s'étend de plus en plus et on recense près de 15 000 habitants en 1995. 7 000 salariés travaillent sur la commune dans 700 entreprises.

The commune of Seynod, which came into existence on a hill site to the west of Annecy, overlooks the Annecy plain. Its land extends along the road axis between Annecy and Aix les Bains, and climbs up to 1020 metres in the Semnoz.

The Saginatum of Roman times perhaps owes its name to a place where pigs were fattened. In 1561, there were 407 Seynodiens, whom some have nicknamed "les R'blachon" (les Reblochons) because it seems that the practice, which we will see on the Grand-Bornand, was used considerably by peasants and tenant farmers. In addition to dairy farming, they also grew cereal crops. A few mills, like l'Enfer (the Hell) mill, built on the Trois Fontaines brook, provided the embryo of a craft industry; the town of Annecy had no suburb effect here, as was the case with Cran, and even Annecy-le-Vieux.

Until the dawn of the 20th century, Seynod remained a village, and when the Great War took away 28 young men, the region had little over 500 inhabitants.

It was only in the 1960s that Seynod began to take part in the demographic expansion of the Annecy basin. The Barral district became built-up, while Seynod (2,383 inhabitants in 1962) set up industrial companies in the Vovray area which it shares with Annecy.

But the major turning point would be begun by Jacques Besson and continued by Françoise Camusso, the current mayor. A new town centre was built around the new town hall and the Champfleuri Z.A.C. (urban development area), designed by the architect Novarina. Blocks of flats sprang up and the population increased very quickly, to such an extent that in 1973 a school, a technical school and 5 new school groups were opened. The commune became equipped with sporting and cultural facilities to match its high ambitions. This canton "county town" continued to grow, and the census recorded almost 15,000 inhabitants in 1995. 7,000 employees work in the commune, in 700 companies.

Fin 2006, s'est terminé un vaste chantier qui vise à remodeler le centre urbain : réaménagement de la rue le traversant, agrandissement de la mairie, création d'une impressionnante médiathèque, de parkings souterrains et de logements… Seynod n'en finit pas de grandir. Après avoir fait un gros effort pour l'habitat social, (souvent vertical) la Municipalité s'oriente désormais vers un habitat horizontal résidentiel notamment à Vergloz, Vieugy ou Balmont, villages annexés à Seynod. Elle compte aujourd'hui environ 20 000 habitants qui font de leur commune une ville à part entière, capable de maîtriser son développement et d'apporter à ses concitoyens, certes logements, mais aussi loisirs culturels et sportifs au sein du très grand nombre d'associations qui l'animent.

The end of 2006 saw the completion of a huge building site, the aim of which is to remodel the town centre: redevelopment of the street which runs across it, extension of the town hall, the building of an impressive multimedia library, underground car parks and housing, etc. Seynod continues to grow. Having made a great effort to provide social dwellings (often vertical), the Municipal council is now looking towards horizontal residential dwellings, particularly in Vergloz, Vieugy and Balmont, villages annexed to Seynod. Today it has around 20,000 inhabitants, who make their commune a town in its own right, capable of controlling its development and providing its citizens with housing, of course, but also with cultural and sporting leisure activities in the very large number of associations it has.

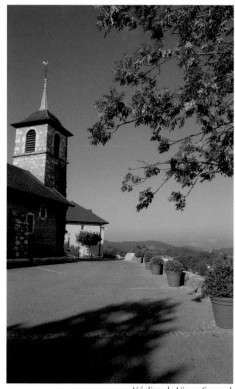

L'église du Vieux Seynod.

Vue du Semnoz.

SEYSSEL

Par la vallée des Usses et une route ombragée, nous rejoignons Seyssel.

Ce gros bourg bâti sur les rives du Rhône est en réalité double. Les hommes s'implantent là, en aval du confluent des Usses avec le Rhône, en un lieu particulièrement peu accueillant : les rives sont marécageuses et infestées de moustiques et autres bestioles peu sympathiques. Ils lancent néanmoins un pont par-dessus le fleuve. Les fureurs de l'onde emportent souvent l'édifice, mais sans relâche les Romains de Condate ou les sujets des sires de Seyssel rebâtissent l'ouvrage et maintiennent ouverte la voie de communication entre les deux rives. Ainsi s'édifient deux bourgs bien distincts : Seyssel Ain et Seyssel Haute-Savoie. Et ce d'autant plus que le fleuve dessine la frontière entre le royaume de France et la Savoie, terre du Saint empire romain germanique, même si le traité de Lyon, signé le 17 janvier

Through the Usses valley and along a shaded road, we reach Seyssel.

This large village on the banks of the Rhône is actually in two parts. Men settled there, downstream of the confluence of the Usses and the Rhône, in a particularly unwelcoming spot: the banks are marshy and infested with mosquitoes and other unpleasant creepy crawlies. Nevertheless, they built a bridge over the river. The raging waters often swept the construction away, but relentlessly the Romans of Condate or the subjects of the sires of Seyssel rebuilt it and kept open the communication route between the two banks. So, two very distinct villages were built: Seyssel Ain and Seyssel Haute-Savoie. And this all the more so as the river marks the border between the kingdom of France and Savoy, land of the Holy Roman Germanic empire, even though the treaty of Lyon, signed on 17th January

Le vieux pont.

1601, made Seyssel a French bridgehead in Savoyard territory. This lasted until 1760. After this, Seyssel again became a sentry for Savoie, standing guard opposite its dangerous larger neighbour, situated between "Empi et Riome". The centuries have done little to sort out this situation, even though a work of modern art replaced the magnificent suspension bridge, which the "Sappers" sent to the bottom of the river in 1940. Today the Rhône separates two departments, fortunately grouped within the Rhône-Alpes region.

Seyssel Haute-Savoie, an administrative village of almost 2,000 inhabitants, is situated at the heart of relatively rich agricultural land, dominated by vines producing la Roussette, a highly prized, lively white wine. Let's thank the monks who, in the 11th century, had the idea of creating this vine.

Le nouveau pont.

1601, fait de Seyssel une tête de pont française en terre savoyarde. Cela dure jusqu'en 1760. Après quoi, Seyssel, redevient une sentinelle de la Savoie face au dangereux grand voisin, sise entre « Empi et Riome ». Les siècles n'ont guère arrangé la situation, même si un ouvrage d'art moderne double le magnifique pont suspendu, que le « Génie » envoya par le fond en 1940. Le Rhône aujourd'hui sépare deux départements, heureusement regroupés au sein de la région Rhône-Alpes.

Seyssel Haute-Savoie, bourg administratif de près de 2 000 habitants, est située au cœur d'un terroir agricole assez riche, dominé par les vignobles du cru de la Roussette, un vin blanc gouleyant, fort prisé. Remercions les moines qui ont, au XIè siècle, eurent l'idée de créer le dit vignoble.

Let's now take a winding road which leads us up the Montagne des Princes. Montagne ("mountain") is a very big word; it describes prominent and sustained hills. Through the meadows and orchards, with their heady scent in autumn, we reach a modest col (pass) from where we discover the small village of Clermont, stuck in the heart of tranquil countryside and dominated by the austere grey outline of its château.

Don't be mistaken. Push open the door and open your eyes wide. The château of Clermont is a jewel of the Italian Renaissance. Admire those colonnades. One day, a native of this village, Galois de Regard, became bishop of Bagnoréa, in Italy. Having become immensely rich, he had a beautiful dwelling built for him in Annecy (in what is now the rue Sainte Claire). He then ordered the demolition of the fortress of Clermont, which was nothing but a few stones disappearing beneath the vegetation of the small wood which covers the hill behind the current château. Then, in 1575, he had this magnificent building constructed on three levels, just a stone's throw from the parish church. From owner to owner, through trials and tribulations and then forgotten, the château fell into ruins and was eventually bought by the departmental council. Resolve, patience and millions have restored it to its former proud glory. Today it is a cultural landmark in our department, the venue for performances and for the Savoyard Authors' Day in September, to the great pleasure of the "z'Assomiâ", (les Assommés) the nickname given to the people of Clermont.

CLERMONT

Empruntons maintenant une route sinueuse à l'assaut de la Montagne des Princes. Montagne est un bien grand mot ; il s'agit plus de collines marquées et soutenues. À travers les prairies et les vergers aux senteurs enivrantes en automne, nous accédons à un modeste col d'où nous découvrons le petit village de Clermont, planté au cœur d'une paisible campagne et dominé par l'austère silhouette grise de son château.

Ne vous y trompez pas. Poussez la porte et ouvrez grands vos yeux. Le château de Clermont est un joyau de la Renaissance italienne. Admirez ces colonnades. Un jour, un enfant du pays, Galois de Regard accéda à la charge d'évêque de Bagnoréa, en Italie. Devenu immensément riche, il se fit construire une belle demeure à Annecy (dans la rue Sainte Claire actuelle). Il entreprit ensuite de faire détruire la forteresse de Clermont, dont il ne reste que quelques pierres disparaissant sous la végétation du petit bois qui couvre la colline à l'arrière du château actuel. Puis, en 1575, il fit édifier cette magnifique bâtisse sur trois niveaux, à deux pas de l'église paroissiale. De propriétaire en propriétaire, de vicissitude en oublis, ce château tombait en ruines lorsque le Conseil général en fit l'acquisition. Volonté, patience et millions lui ont redonné une fière allure. C'est aujourd'hui, un haut lieu culturel de notre département, qui abrite des spectacles ainsi que la Journée des Auteurs savoyards en septembre, pour le plus grand plaisir des « z'Assomiâ », (les Assommés) surnom des Clermontois.

Château de Clermont.

RUMILLY

En descendant vers le sud, nous rencontrons Rumilly, la capitale de l'Albanais même si la région doit sont nom à Albens, commune de Savoie, à moins que ce ne soit l'inverse.

Située sur la Nephaz et sur le Chéran, torrent à truites descendu des Bauges, Rumilly doit à son site de pont d'avoir été une place forte dès le haut Moyen-Âge. Rumilly devient alors le centre du « Pagus Albanensis », forte possession genevoise face à la Maison de Savoie. Saint-François de Sales lui rend visite en 1608 et Sainte-Jeanne de Chantal y fonde un couvent de visitandines. Le monde religieux restera toujours très présent dans ce bourg, où se côtoient des capucins, des bernardines ou des oratoriens... On retrouve la richesse de cette histoire en flânant dans les vieux quartiers autour de la grenette.

Le drame et la gloire des Rumilliens se situent en 1630. Après la peste de 1629, pour des raisons qu'il serait trop long d'expliquer ici, le roi Louis XIII s'en prend à la Savoie et, à la tête de son armée, déboule de France par le Val de Fier. Rumilly résiste à l'envahisseur étranger « A capoé ». On bouche même les serrures des portes de la ville en y enfonçant des carottes (pasnaille en patois), ainsi est née la légende de « Rumilly la Pasnaille ». Mais comme bien souvent, la traîtrise, à moins que ce ne soit les écus sonnants et trébuchants, ont eu raison de la volonté farouche des Savoyards et un individu, que l'on veut oublier par ici, ouvrit les portes à la France. Le roi, furieux, donne

As we head down towards the south, we find Rumilly, the capital of the Albanais even though the region owes its name to Albens, a commune of Savoy, unless it is the other way around.

Located on the Nephaz and the Chéran, a trout-filled river which comes down from les Bauges, Rumilly owes its bridge site to having been a fortified town from the early Middle Ages. Rumilly then became the centre of the "Pagus Albanensis", a Genevan possession opposite the Maison de Savoie. Saint-François de Sales visited it in 1608 and Sainte-Jeanne de Chantal founded a convent of the order of the Visitation. The religious world would always remain very present in this town, where Capuchins, Bernardines and Oratorians rub shoulders... You can discover the wealth of this history by wandering around the old districts around the "grenette".

Statue, place d'Arme.

Pont neuf.

57

Fontaine, place de l'Hôtel de Ville.

Place Grenette.

The drama and the glory of the Rumilliens is to be found in 1630. After the plague of 1629, for reasons which it would be too long to explain here, king Louis XIII set about attacking Savoy and, at the head of his army, shot out of France through the Fier valley. Rumilly resisted the foreign invader "A capoé". They even jammed the locks on the town's doors by sticking carrots (pasnaille in patois) into them, whence the birth of the legend of "Rumilly la Pasnaille". But, as happens very often, treachery, unless it is coin of the realm, got the better of the unshakeable will of the Savoyards and an individual, who they prefer to forget around here, opened the gates to France. The king was furious and gave the order to dismantle the town and its ramparts. Then Rumilly fell asleep for three centuries. It remains the birthplace of, amongst others, Charles Colombat (1820–1865) popular poet, and François Descotes (1848–1905), lawyer and writer. In 1871, Alexis Ducret founded the Journal du commerce et de l'agriculture, which still exists nowadays under the name of Agriculteur savoyard (Savoyard farmer).

l'ordre de démanteler ville et remparts. Rumilly s'endort alors pour trois siècles. Elle reste la patrie, entre autres, de Charles Colombat (1820–1865) poète populaire et de François Descotes (1848–1905), avocat et écrivain. En 1871, Alexis Ducret fonde le Journal du commerce et de l'agriculture, qui perdure de nos jours sous le nom d'Agriculteur savoyard.

Cependant, il faut attendre le XXè siècle pour la voir renaître grâce à une certaine richesse agricole de la plaine fertile qui l'entoure. La culture du tabac, notamment, fit longtemps la fierté de ses habitants. L'industrie, née autour des tanneries, s'est développée par la suite sur une impressionnante zone industrielle qui s'étire le long de la voie ferrée. L'entreprise Tefal n'en est pas le moindre fleuron. Les emplois du secteur secondaire le disputent aux emplois du tertiaire.

Et aujourd'hui, ce chef-lieu de canton abrite près de 12 500 habitants.

Au sud de la ville s'étendent des marais où l'homme ne s'est guère aventuré, les laissant à la « Garde de Dieu » (nom d'un hameau de Bloye). Ces marais, que nos ancêtres entretenaient, sont aujourd'hui un terrain étape pour les oiseaux migrateurs. Empruntons la grand'route jusqu'à Alby.

However, it was not until the 20th century that it was reborn, thanks to a certain agricultural wealth of the fertile plain surrounding it. Tobacco growing, in particular, was for a long time the pride of its inhabitants. Industry, born around the tanneries, then developed in an impressive industrial area which extends along the railway track. The Tefal company is not the least of its flagships. Jobs in the secondary sector vie for position with jobs in the tertiary.

And today, this principal town in the canton has almost 12,500 inhabitants.

To the south of the town are the marshes, where man has seldom ventured, leaving them to the "Garde de Dieu" (literally "to God's charge" and also the name of a hamlet in Bloye). These marshes, which our ancestors looked after, are now a stopping point for migrating birds. Let's now take the main road to Alby.

ALBY-SUR-CHERAN

Alby-sur-Chéran est une curieuse cité. Le Chéran, torrent à truites certes, mais aussi torrent qui de tous temps a attiré les orpailleurs, fait ici un méandre au fond d'une gorge de molasse grise bleutée. L'homme sentit ici le besoin de construire « deux ponts au fond du trou ». Sur le versant regardant vers l'Est, il édifia un bourg fort agréable à l'œil. Celui-ci fut ravagé au moins à trois reprises par des incendies violents ; le dernier datant de 1854. Malgré tout, un petit « vieux bourg » orné de magnifique arcades se blotti en effet autour de la mairie et d'une fontaine. Cette charmante cité médiévale était dominée par 7 châteaux, dont il ne reste que celui de Montpon.

Place principale.

En 1885, elle est le second bourg de Haute-Savoie à être éclairé à l'électricité. Elle fut une capitale du cuir avec ses tanneurs et ses cordonniers. Un temps, au siècle dernier, il y avait ici une fonderie qui embauchait beaucoup d'Albigeois. Malheureusement elle ferma ses portes et les gens du pays partirent travailler ailleurs. Heureusement la zone artisanale et industrielle Leader, née de l'autoroute, a pris la relève, comme pour « faire avaler » aux Albigeois l'impressionnant pont de béton qui les domine désormais. La construction très récente d'une église, dédiée à Notre Dame de Plaimpalais et bâtie par Novarina, montre la volonté des 1830 Albigeois de vivre au pays.

D'Alby, il nous faut franchir le Fier, tumultueux et fier torrent qui porte bien son nom pour découvrir sur sa rive droite la commune de Lovagny.

Alby-sur-Chéran is a curious town. The Chéran, a trout-bearing river certainly, but also a river which has always attracted gold washers, meanders here at the bottom of a gorge of bluish grey molasse. The man felt here the need to build "two bridges at the bottom of the hole". On the east-facing slopes, he built a village which was very pleasant to look at although ravaged, at least on three occasions, by violent fires; the last one dates back to 1854. Despite everything, a small "old town" decorated with magnificent arcades nestles around the town hall and a fountain. This charming medieval town was overlooked by 7 châteaux, of which only the Montpon château remains.

In 1885, it was the second town in Haute-Savoie to be lit by electricity. It was also a leather capital, with its tanners and shoemakers. At one point, in the last century, there was a foundry here which took on a lot of Albigeois. Unfortunately it closed down and the people from the region left to work elsewhere. Fortunately, the craft industry and industrial area Leader, which has come into being thanks to the motorway, has taken over the role, as if to make the Albigeois accept the impressive concrete bridge which looks over them from now on. The very recent construction of a church, dedicated to Notre Dame de Plaimpalais and built by Novarina, shows how determined are the 1,830 Albigeois to remain living here.

From Alby, we have to cross the Fier, a tumultuous and proud torrent which is worthy of its name (fier means "proud"), to reach the commune of Lovagny on its right bank.

Cet avant pays savoyard est donc drainé par le Fier, torrent alpestre descendu du Massif des Aravis et trace des gorges célèbres (Gorges du Fier). Aménagées depuis 1869, elles reçoivent plus de 150 000 visiteurs chaque année, qui ne manquent pas de découvrir à proximité le château de Montrottier, sis sur la commune de Lovagny, dénommée alors Lovianaco, du nom d'un riche gallo-romain.

Cette construction est un très bel exemple de château de type médiéval. On savoure dans ces murs, édifiés entre les XIIè et XVè siècles, des mâchicoulis, des échauguettes, un pont-levis et surtout un impressionnant donjon, du sommet duquel on découvre la pyramide enneigée du Mont-Blanc. En 1425, le château revient au duc de Savoie Amédée, qui le revend à la famille de Menthon. Devenu « bien national » à la Révolution, il est alors vendu à Léon Marès et, en 1916, devient la propriété de l'Académie Florimontane, créée en son temps pas Saint-François de Sales et le président Favre. C'est aujourd'hui un « musée » abritant de remarquables collections d'armes, de faïences, de dentelles et de mobiliers anciens.

Mais bien peu de gens connaissent la légende du château de Pontverre, qui s'élevait tout près et qui est aujourd'hui disparu. François de Pontverre, désireux de conquérir le Genevois avait mis Genève à feu et à sang à plusieurs reprises et son château devint un château maudit hanté par des légendes. On raconte que le Diable, qui avait pris les traits d'un jeune homme gai et charmant, proposait aux passants, qui s'aventuraient près du château de Pontverre la nuit, une partie de jeu de quilles dont l'enjeu était une magnifique poule en or. Il n'y avait, poursuit la légende, jamais de gagnant. Les perdants étaient entraînés dans son domaine satanique au fond des grottes et disparaissaient à tout jamais.

Quant à la commune de Lovagny, bien qu'elle abrite une mine d'asphalte jusqu'à la Seconde guerre mondiale, l'exiguïté de son terroir agricole ne retient pas la population. Il faut attendre le développement de l'agglomération annécienne voisine pour voir Lovagny devenir un village dortoir et sa population s'accroître à nouveau et dépasser les mille habitants (1007 en 2006).

This advance region of Savoy is thus drained by the Fier, a mountain river which comes down from the Massif des Aravis and carves out some famous gorges (Gorges du Fier). Properly equipped since 1869, they receive more than 150,000 visitors every year, who do not miss the opportunity to discover the nearby château of Montrottier, in the commune of Lovagny. Its earlier name was Lovianaco, after a rich Roman Gaul.

This construction is a very fine example of a medieval type château. You can savour in its walls, built between the 12th and 15th centuries, the machicolations, watchtowers, a drawbridge and in particular an impressive keep, from the top of which you can see the snow-capped Mont-Blanc. In 1425, the château came back to the duke of Savoie Amédée, who sold it on to the Menthon family. Having become a "national asset" during the Revolution, it was then sold to Léon Marès and, in 1916, it became the property of the Académie Florimontane, created in its time by Saint-François de Sales and President Favre. Today it is a "museum" housing notable collections of arms, porcelain, lace and old furniture.

But very few people know the legend of the château of Pontverre, which stood very close by and has now disappeared. François de Pontverre, who wanted to conquer the Genevois region, had put Geneva to fire and sword on several occasions and his château became a cursed château haunted by legends. The story goes that the Devil, who had taken on the appearance of a charming, happy young man, challenged any passer-by who had ventured near the château de Pontverre at night to a game of skittles with a magnificent golden hen as the stake. According to the Legend, there was never a winner. The losers were dragged into his satanic domain at the bottom of the caves and disappeared forever.

As for the commune of Lovagny, although it was home to an asphalt mine up until the Second World War, the meagreness of its agricultural land could not keep the population here. It was not until the neighbouring built-up area of Annecy was developed that Lovagny became a dormitory village and its population increased again, passing the thousand inhabitants mark (1007 in 2006).

LOVAGNY

Chacun sait que nous sommes ici au pays de la haute montagne, de l'alpinisme et de la neige, mais nous sommes aussi sur la terre de l'art baroque. La vallée glaciaire de l'Arve est remarquable par son fond plat (en auge) qui permet une pénétration aisée du massif. Cependant durant de longs siècles cette vallée était un cul de sac avec les premières neiges et l'on ne pouvait franchir le col des Montets que quelques mois par an. Avec l'ouverture du tunnel sous le Mont-blanc (1965) la vie a quelque peu changé au Pays du Mont-Blanc.

PAYS DU MONT-BLANC

Everyone knows that here we are in a region of high mountains, mountaineering and snow, but we are also in the land of baroque art. The glacial valley of the Arve is notable for its flat bottom (U-shaped), which makes entering the massif easy. However, for many centuries this valley was a dead end when the first snows arrived and you could only cross the col (pass) des Montets during a few months of the year. With the opening of the Mont-blanc tunnel (1965) life changed somewhat in the Mont-Blanc region.

SALLANCHES

C'est la dernière grande ville de la vallée de l'Arve. Situé à 560 mètres d'altitude ce bourg est, tout au long de son histoire, brûlé au moins à trois reprises. Et en 1840, dernier incendie d'importance, on décide de reconstruire une nouvelle ville au débouché de la Sallanches descendue de la montagne voisine. On réemploi un peu de l'ancien village mais surtout l'architecte François Justin conçoit et réalise en grande partie une nouvelle ville, avec un plan assez révolutionnaire pour l'époque.

Aujourd'hui, l'architecte Jean Brusson a écrit : « Sallanches a deux visages, la ville sarde au centre et la ville contemporaine s'est développé vers le nord, cers Saint-Martin et partout en périphérie ». La population actuelle, forte de près de 16 500 habitants (15 000 en 1999) se concentre entre la route 205 et l'autoroute.

Mais revenons un peu en arrière. Le nom de Sallanches vient probablement de « salanca » (le torrent qui coule). Les Allobroges, les Ceutrons, les Romains sont bien entendu passés par là, ainsi que les Burgondes et les Francs. La voie de passage vers l'Italie est d'importance aux beaux jours : col des Montets certes, mais aussi col du Bonhomme donnant accès au Petit-Saint-Bernard.

En 1391, Sallanches devient une collégiale, par bulle pontificale, même si les terres sont fief du sire de Faucigny. C'est l'époque où Pierre de Savoie, qui a eut la riche idée d'épouser Agnès de Faucigny, fait fortifier la ville. La situation géographique entraîne ici de nombreux marchés et des foires florissantes. Le terroir agricole existe bien, mais les divagations et les crues de l'Arve alarment souvent les paysans.

Sallanches durant la Révolution française opte pour la République et en 1793, elle se retrouve au cœur de la Contre-révolution menée sur ordre du roi de Piémont. Les Français triomphants, quelques paysans sont arquebusés sur ordre du conventionnel Philibert Simond, qui eut d'ailleurs par la suite une vie mouvementée. En 1801, on dénombre 1 525 Sallanchards. Aux activités agricoles et commerciales, la ville a ajouté quelques industries textiles, mais aussi une chocolaterie, des ateliers d'horlogerie et de clouterie et même une petite tréfilerie. La vocation industrielle commence alors à s'affirmer après la reconstruction du milieu du XIXè siècle.

Les élus développent une immense zone industrielle et artisanale en aval de la ville à partir des années 70. Dynastar est un des fleurons de cette zone, avec Super Métal et un très grand nombre de P.M.I. œuvrant dans le décolletage, la micromécanique, mais aussi de P.M.E. dans le commerce et l'artisanat. Ses infrastructures, telles le collège, l'hôpital notamment, font de Sallanches une véritable ville face au Mont-Blanc perpétuellement enneigé.

Notons pour mémoire que la commune voisine de Saint-Roch a été absorbée en 1972 et celle de Saint-Martin-sur-Arve en 1977.

Aujourd'hui Sallanches « commande » à toute la haute vallée de l'Arve. Elle « tient les portes » qui ouvrent jusqu'à Megève et Vallorcine. Elle draine populations et activités et on le voit bien, non seulement à propos des activités économiques mais aussi sur le plan culturel, sportif et des loisirs. Les activités associatives sont en plein essor et l'on joue ici aussi la carte du tourisme. Et si Sallanches n'a pas domaine skiable, elle apparaît en hiver un complément hôtelier important et en été une station climatique de premier plan avec des infrastructures et des activités multiples. Faites un tour à la fête de Saint-Jacques en juillet ou à celle des Clarines en août et vous découvrirez l'impact touristique de Sallanches.

A la sortie de Sallanches, la route 212 monte vers Combloux. Mais, si on a le temps et de bons mollets, on peut passer par Cordon et découvrir sa remarquable église baroque.

This is the last large town in the Arve valley. Situated at an altitude of 560 metres, this town has, throughout its history, fallen victim to fire on at least three occasions. And in 1840, after the last major fire, they decided to rebuild a new town where the Sallanches opens out, coming down from the neighbouring mountain. They re-used a little of the old village, but the architect François Justin for the most part designed and created a new town, with a plan which was quite revolutionary for its time.

Today, the architect Jean Brusson has written: "Sallanches has two faces, the Sardinian town in the centre and the contemporary town which has developed to the north, towards Saint-Martin and all the outskirts". The current population, which is almost 16,500 inhabitants strong (15,000 in 1999) is concentrated between road number 205 and the motorway.

But let's go back a little. The name of Sallanches probably comes from "salanca" (the flowing torrent). The Allobroges, the Ceutrons and the Romans certainly passed through here, as did the Burgundians and the Franks. The route through to Italy is important in the summertime: the col des Montets of course, but also the col du Bonhomme, which gives access to the Petit-Saint-Bernard.

In 1391, Sallanches became a collegiate church by Papal bull, even though the lands belonged to the sire of Faucigny. This was the period in which Pierre de Savoie, who had the great idea of marrying Agnès de Faucigny, had the town fortified. The geographical situation brought numerous markets and flourishing fairs here. There was also agricultural land, but the shifting course of the Arve and the floods it caused often alarmed the local peasants.

During the French Revolution, Sallanches sided with the Republic, and in 1793 it found itself at the heart of the Counter-revolution carried out on the orders of the king of Piedmont. When the French triumphed, several peasants were shot on the orders of the member of the Convention Philibert Simond. In 1801, Sallanches had 1,525 inhabitants who, in addition to the agricultural and trading activities, added a few textile industries, a chocolate factory, clock and watch workshops and a nail factory, and even a small wire-drawing plant.

Pursuing the town's industrial vocation, which began after the reconstruction in the middle of the 19th century, from the 1970s onwards the elected representatives developed a huge industrial and handicrafts area. Dynastar is one of the flagships of this area, with Super Métal and a very large number of SMIs working in bar-cutting and micro-mechanics, but also SMEs in commerce and the craft industry. Its infrastructures, particularly the school and the hospital, make Sallanches a genuine town facing the perpetual snows of Mont-Blanc.

Let's also take note that the neighbouring commune of Saint-Roch was absorbed in 1972 and Saint-Martin-sur-Arve in 1977.

Today, Sallanches holds a "commanding" position in the high Arve valley. It is the "gateway" leading to Megève and Vallorcine. It attracts populations and activities and it is seen in a good light, not only with regard to economic activities but also in the fields of culture, sport and leisure. Activities through associations are expanding here and they also play the tourism card. And although Sallanches does not have its own skiing area, in winter it provides a large complement of hotels and in summer it is a foremost health resort with a wide variety of infrastructures and activities. Take a look around the festival of Saint-Jacques in July or the Clarines in August, and you will see the tourist impact that Sallanches has.

When you leave Sallanches, road 212 climbs up to Combloux. But if you have the time and good calf muscles, you could pass through Cordon and discover its noteworthy baroque church.

COMBLOUX

Combloux (960 mètres d'altitude) est l'un des plus beaux balcons face au Mont-Blanc. Le site de versant adret, bien ensoleillé, a fait de Combloux une station village de grande renommée.

Je ne sais pas si le nom vient de Comba Lupi, (la combe des loups) ou Comblovum (point de vue) ou bien encore Camba Loci (la combe du bois sacré), mais toujours est-il que les Comblorans dominent la vallée de l'Arve depuis fort longtemps. Mais ce sont les bénédictins qui mettent le pays en valeur et au XIVè siècle on dénombre environ 900 personnes, ce qui est beaucoup pour la montagne. La vie tourne autour des activités liées à la culture du blé et à l'élevage laitier, mais il semble bien que les meilleures terres n'appartiennent pas aux « Peca-Fleu » (ceux qui mangent la crème du lait). Aussi l'émigration est-elle importante jusqu'au début du XXè siècle.

Nous sommes ici dans le grand domaine du baroque de montagne. L'église dédiée à saint Nicolas date du XVIIIè siècle et possède un magnifique clocher à bulbe avec sa double galerie, maintes et maintes fois photographié, ainsi que deux très beaux retables. Il est vrai qu'ici on a longtemps cru (et peut-être encore aujourd'hui) à l'infaillibilité des cloches pour éloigner les tempêtes, bien que l'on ne soit point superstitieux.

La construction du « Grand hôtel du Mont-Blanc », en 1913, marque le démarrage du tourisme qui veut exploiter le site, face au toit de l'Europe, relativement enneigé en hiver, très proche de grandes stations et fort agréable en été. La compagnie P.L.M. ne s'y trompe pas, elle qui acquière ledit hôtel après la Grande Guerre. Les Comblorans, au nombre de 974 en 1936, sont un peu plus de mille en 1962 et depuis, le chiffre ne cesse d'augmenter parallèlement à l'essor touristique.

Actuellement, la station offre 70 kilomètres de pistes desservies par 26 remontées mécaniques et participe, avec 12 autres communes, au forfait unique Ski-passe Mont-Blanc. On développe aussi les infrastructures liées au tourisme estival et l'ancien maire, André Million, fut un grand artisan de l'essor de Combloux. Et « la fête au village » attire toujours le 25 juillet un nombre croissant de visiteurs. Gageons que le loup dessiné sur la croix de Savoie du blason communal saura rester vigilant et mordre l'avenir à belles dents. En tout cas c'est ce qu'espèrent les 2 096 Comblorans recensés en 1999. Au-delà de Combloux, la route poursuit vers le sud et le plateau megevan.

Combloux (altitude of 960 metres) is one of the most attractive balconies facing Mont-Blanc. The site on the south-facing slope, with plenty of sunlight, has made Combloux a village resort of great renown.

I do not know whether the name comes from Comba Lupi, (the coomb of the wolves) or Comblovum (point of view) or even Camba Loci (the coomb of the sacred wood), but what is true to say is that the Comblorans have overlooked the Arve valley for a very long time. But it was the Benedictines who brought the region to the fore, and in the 14th century there were around 900 inhabitants, which is a lot for a mountain location. Life revolves around activities linked to wheat growing and the rearing of dairy cattle, but it appears that the best lands do not belong to the "Peca-Fleu" (those who eat the cream from the milk). Emigration was also an important feature up until the beginning of the 20th century.

Here we are in the great domain of mountain baroque. The church devoted to Saint Nicholas dates from the 18th century and has a magnificent onion-shaped tower with its double gallery, photographed over and over again, as well as two very beautiful altarpieces. It is true that here they believed for a long time (and maybe still do today) in the infallibility of bells for warding off storms, although they are not superstitious in any way.

The construction of the "Grand hôtel du Mont-Blanc", in 1913, marked the beginning of the influx of tourism to this site, facing the rooftop of Europe, relatively snow-covered in winter, very close to the large resorts and very pleasant in summer. The P.L.M. company made a good move when it bought the abovementioned hotel after the Great War.

The Comblorans, numbering 974 in 1936, were a little over a thousand in 1962 and since then the figure has risen continuously, in parallel with the tourist boom.

Currently, the resort has 70 kilometres of ski runs served by 26 ski lifts and forms part, with 12 other communes, of the single Mont-Blanc Ski-pass. They are also developing the infrastructures associated with summer tourism and the former mayor André Million was a great architect of Combloux's expansion.

And the "village fête" on 25th July still attracts an increasing number of visitors. Lets wager that the wolf on the cross of Savoy which forms part of the commune's coat of arms will remain alert and bite into the future with gusto. At least that's what the 2,096 Comblorans recorded in the 1999 census hope.

Beyond Combloux, the road continues towards the south and the Megève plateau.

MEGÈVE

Megève, nom mythique, symbole d'une station de luxe, à la mode, le « Saint-Tropez » de la neige, est sise à 1113 mètres d'altitude sur un seuil glaciaire, véritable col entre la vallée de l'Arve et les gorges de l'Arly vers le sud-ouest.

Station de sports d'hiver, née en 1921 par la volonté de la baronne de Rothschild, qui voulait créer une rivale à Saint-Moritz, Megève a la particularité d'être toujours, sauf cas exceptionnel, au-dessus des brumes et des brouillards. La beauté du vallon megevan attire les visiteurs, et ce depuis fort longtemps.

J'ai eu la chance de découvrir et d'apprécier Megève avec mon ami le docteur Charles Socquet. Ses livres certes, mais aussi ses histoires nous ont ravi. Merci Charles pour « Magéva », pour la résistance et pour ton amitié et pour tout le reste.

Il est clair que les lieux sont déjà occupés à l'époque celtique. Les Romains sont également venus jouir de la douceur du berceau megevan. Et les inévitables moines défricheurs ont mis en valeur cette contrée et un prieuré (dépendant de Saint-Michel de la Clusa en Piémont) est cité en 1202. On signe les franchises de la paroisse en 1292, même si cette dernière reste rattachée à Flumet. La riche seigneurie de Megève est érigée en comté en 1713. Vingt trois ans plus tard, les jésuites reçoivent les droits sur les moulins, tandis que le comte perçoit les droits de pêche.

Un jour Lucifer vint à Megève. Le Diable, que nenni, tout simplement le chef d'une bande qui se réclamait du sieur Mandrin. Reste à savoir si « lou Pilates » (les grippe-sous) furent contents ?

L'église, dont on doit le clocher au megevan Muffat-de-Saint-Amour, est de belle facture. Et les municipalités successives, dont celle actuelle de Gérard Morand, ont très bien mis en valeur ce centre urbain, où les chevaux, tirant les traîneaux ou les calèches, attendent le client chaque hiver. On croit tant en Dieu qu'on édifie, sous l'impulsion du curé Ambroise Martin, un magnifique calvaire que le visiteur se doit d'emprunter. On sait qu'en ce temps là, les danses étaient honnies à Megève. Il n'en sera plus rien au XXè siècle.

La commune est la patrie de monseigneur Conseil, premier évêque de Chambéry en 1780, du général Jean-Pierre Muffat-de-Saint-Amour, mais aussi d'Emile Allais (né en 1912 et fondateur de la méthode française d'enseignement du ski), du champion de ski, Henri Duvillard et de l'historien Paul Guichonnet. Megève qui

Megève, a mythical name, symbolic of a luxury, fashionable resort, the "Saint-Tropez" of the snow, sits at an altitude of 1,113 metres on a glacial sill, forming a genuine pass between the Arve valley and the gorges of the Arly to the southwest.

A winter sports resort, which came to life in 1921 through the will of the baroness de Rothschild, who wanted to create a rival to Saint-Moritz, Megève is unusual in that it is still, except for the odd occasion, above the mist and the fog.

I was fortunate enough to discover and enjoy Megève with my friend doctor Charles Socquet. His books and his stories have delighted us. Thank you Charles for "Magéva", for the resistance and for your friendship and for everything else.

It is clear that this spot was occupied as early as Celtic times. The Romans also came to enjoy the pleasant and restful surroundings of Megève. And the inevitable pioneering monks brought this area to the fore, with a priory (dependent on Saint-Michel de la Clusa in Piedmont) being mentioned in 1202. The franchises of the parish were signed in 1292, although it remained attached to Flumet. The rich feudal lands of Megève were elevated to the status of county in 1713. Twenty-three years later, the Jesuits received the rights for the mills, while the count received the fishing rights.

The church, whose tower is by the Megevan Muffat-de-Saint-Amour, is beautifully crafted and the successive municipal councils, including that of Gérard Morand, have done a very good job in developing this town centre, where horses, pulling sleds or barouches, await customers every winter. Such is their faith in God that they built, inspired by the priest Ambroise Martin, a magnificent roadside crucifix which the visitor is duty bound to visit.

The commune was the birthplace of Monseigneur Conseil, the first bishop of Chambéry in 1780, of the general Jean-Pierre Muffat-de-Saint-Amour, but also of Emile Allais (born in 1912 and founder of the French method of teaching skiing), the skiing champion Henri Duvillard and the historian Paul Guichonnet. Megève, which had 1,727 habitants in 1907, would see its population grow rapidly with the expansion of winter tourism, taking the baton from summer tourism, which was already very popular in the previous century.

compte 1 727 habitants en 1907, va voir sa population croître rapidement avec l'essor du tourisme hivernal, prenant le relais du tourisme estival déjà bien en vogue au siècle précédent.

Aujourd'hui, la station offre plus de 300 kilomètres de pistes de ski et plus de 80 remontées mécaniques ainsi qu'une capacité d'accueil hôtelière ou autre de plusieurs milliers de lits. Une cinquantaine d'hôtels, dont 5 ont cinq étoiles, les gîtes de France, les résidences de tourisme affirment avec force la vocation touristique de la ville. Les infrastructures de loisirs, patinoire et piscine, salles de spectacles, mais aussi les activités estivales renforcent encore cette affirmation.

Megève qui compte près de 5 000 habitants veut être plus qu'une très grande station de sports d'hier à l'après-ski très apprécié, elle veut être une station climatique estivale accueillant le plus grand nombre et elle est déjà une ville agréable à vivre entre les Aravis et le Massif du Mont-blanc.

Et si vous avez le temps, recherchez le « Cerisier du Diable ». Descendez ensuite par Demi-Quartier, ancienne commune rattachée aujourd'hui à Megève, et Saint-Nicolas de Véroce où l'église est un autre chef d'œuvre baroque et remontez la vallée du Nant jusqu'aux Contamines.

Altiport.

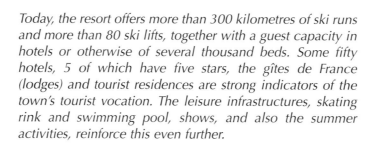

Today, the resort offers more than 300 kilometres of ski runs and more than 80 ski lifts, together with a guest capacity in hotels or otherwise of several thousand beds. Some fifty hotels, 5 of which have five stars, the gîtes de France (lodges) and tourist residences are strong indicators of the town's tourist vocation. The leisure infrastructures, skating rink and swimming pool, shows, and also the summer activities, reinforce this even further.

Megève has almost 5,000 inhabitants and wants to be more than a very large winter sports resort: it also wants to be a summer health resort with a great capacity for guests, and is already a pleasant town to live in between the Aravis and the Mont-Blanc Massif.

And if you have time, look out for the "Cerisier du Diable" (Cherry tree of the Devil). Then come down through Demi-Quartier, an old commune now attached to Megève, and Saint-Nicolas de Véroce, where the church is another baroque masterpiece, and climb back up the Nant valley to Les Contamines.

LES CONTAMINES-MONTJOIE

Les Contamines-Montjoie ont la particularité d'être une commune de pied de col située dans la haute vallée du Bon Nant, mais en cul-de-sac, car la route moderne du col du Bonhomme ne fut jamais ouverte.

Du temps où on appelait la région le Val Montjoie, les Ceutrons (peuplade préceltique) vivent ici. Une borne, plantée en 74 après J.C., délimite leur territoire avec celui des Allobroges. La fonction de gardien du col du Bonhomme explique la construction du château Béatrice.

Joyau de l'art baroque édifié en 1699 par Jean de la Vougniaz, Notre-Dame de la Gorge, l'église de la paroisse fondée par les moines bénédictins, se découvre au bout d'un chemin de croix, dans un cadre tout à la fois austère et envoûtant. Au XIIIè siècle, le fief des Contamines est un châtellenie du Faucigny. Mais en 1355, l'annexion du Faucigny au comté de Savoie supprime la frontière. Heureusement pour les Contaminards, il leur reste la richesse de l'alpage. Si l'élevage bovin laitier et les cultures d'avoine et de seigle sont une source de revenu vitale, ils ne suffisent pas à nourrir tout le monde et l'émigration est intense. En 1753, un Contaminard, Philippe Raddaz, devient sénateur d'Ingolstadt et Théodore Bouvard devient chevalier du Saint Empire. Contamines est également la patrie du scientifique directeur de l'observatoire de Paris, Alexis Bouvard (1767–1843).

Bâtie à partir de 1758 avec l'argent des émigrants en Bavière, l'église est sans conteste un autre joyau baroque. Mais ce n'est qu'en 1770 que Les Contamines, qui compte un peu mois de 900 habitants, devient une commune à part entière.

The unusual feature of Les Contamines-Montjoie is that it is a commune at the foot of a pass located in the high valley of le Bon Nant, but in a dead end, because the modern road of the col du Bonhomme (fellow's pass) was never opened.

In the time when the region was called the Val Montjoie, the Ceutrons (a pre-Celtic people) lived here. A boundary stone, planted in 74 A.D., marked the limit of their territory with that of the Allobroges. The col du Bonhomme's function of guardian explains the construction of the château Béatrice.

A jewel of baroque art built in 1699 by Jean de la Vougniaz, Notre-Dame de la Gorge, the parish church founded by the Benedictine monks, can be found at the end of a via crucis, in a setting which is both austere and entrancing. In the 13th century, the fief of Les Contamines came under the lordship of Faucigny. But in 1355, when Faucigny was annexed to the county of Savoy, the border was removed. Fortunately for the Contaminards, they retained their rich mountain pastures. Although raising dairy cows and growing oats and rye were a vital source of income, they were not sufficient to feed everybody, and there was considerable emigration. In 1753, a Contaminard called Philippe Raddaz became senator of Ingolstadt and Théodore Bouvard became a knight of the Holy Empire. Contamines was also the birthplace of the scientist who became director of the Paris observatory, Alexis Bouvard (1767–1843).

Built from 1758 onwards with money from emigrants in Bavaria, the church is without contest another jewel of the baroque. But it was only in 1770 that Les Contamines, which had slightly fewer than 900 inhabitants, became a commune in its own right. Mountaineering and exploration of the high mountains opened up another route: tourism. Hotels were built and the guide company was founded (1850). In spite of everything, the population decreased, and there were only 572 inhabitants in 1921.

It was the mountain again, and logically so, which brought life back to the region with the development of ski lifts and winter sports in general. On 26th June 1949, Contamines became Les Contamines-Montjoie, perhaps to differentiate it from Contamines-sur-Arve, but also as a reminder of its History. The figure of one thousand inhabitants was reached in 1982.

Today, Les Contamines-Montjoie is a noteworthy winter sports resort, with a skiing area linked to those of Megève and Saint-Gervais-les-Bains. But it is also a mid-mountain health resort, which attracts an increasing number of visitors in summer, and the new infrastructures (several thousand beds) set up are there to accentuate movement and allow the greatest number to discover the impressive architectural heritage of the Val Monjoie. But it is also true, as with numerous other communes here, that they haven't "gotten rid of" the cows: in fact quite the opposite. They are still here in large numbers, ruminating in the pastures as summer walkers pass by.

And if you are not a fan of skiing, discover the baroque art of this valley, continuing towards Saint-Gervais: chapels, roadside crucifixes and village ovens await you all along the route.

L'alpinisme et la découverte de la haute montagne ouvrent une nouvelle voie : le tourisme. On construit des hôtels et on fonde la Compagnie des Guides (1850). Malgré tout, la population diminue. On ne recense plus que 572 habitants en 1921.

C'est encore la montagne, et c'est bien normal, qui relance la vie au pays avec le développement de remontées mécaniques et des sports d'hiver en général. Le 26 juin 1949, Contamines devient Les Contamines-Montjoie, peut-être pour se différencier des Contamines-sur-Arve, mais aussi pour se rappeler au bon souvenir de son Histoire. On dépasse le millier d'habitants en 1982.

Aujourd'hui, Les Contamines-Montjoie sont une remarquable station de sports d'hiver, dont le domaine skiable est relié à ceux de Mégève et Saint-Gervais-les-Bains. Mais c'est aussi une station climatique de moyenne montagne, qui attire de plus en lus de visiteurs en été et les nouvelles infrastructures (plusieurs milliers de lits) mises en place sont là pour accentuer le mouvement et permettre au plus grand nombre de découvrir l'impressionnant patrimoine architectural du Val Monjoie. Mais là aussi, comme dans de nombreuses communes de chez nous, on ne s'est pas « défait » des vaches, bien au contraire. Elles sont toujours aussi nombreuses à ruminer au passage des randonneurs de l'été.

Et si « vous n'aimez pas le ski », découvrez l'art baroque de cette vallée, en poursuivant vers Saint-Gervais : chapelles, calvaires et fours banaux vous attendent tout au long de la route.

SAINT-GERVAIS / LE FAYET

The town is built on the south-facing slope of the Bon Nant valley, while the hamlet of le Fayet is built on the dejection cone of this mountain torrent, which has caused the inhabitants of St Gervais so much misery. There are numerous hamlets because of the very rugged terrain in the commune. Let's not forget that the highest point in the commune is the 4,810m of the Mont-Blanc.

The Ceutrons were the first occupants (a boundary marker on the col du Jaillet). It was the envoy of the Emperor Vespasian who established the borders with Allobrogie, in 74 A.D. The history of Saint-Gervais is the same as that of Les Contamines and thus of the Val Montjoie as a whole. The first church was built around the year 1000, dedicated to Saint Protais and Saint Gervais. The lords owning this land have been of high lineage, both from Faucigny and Savoy, such as Rodolphe d'Allinges, for example.

The people live mainly from agriculture, which is seriously hampered by the climate and forestry operations. And although a fair opened in 1371, emigration was also an important phenomenon. Religious brotherhoods settled in the region and in 1605 there were 400 homesteads, or more than 1500 souls. During this time, a number of chapels were built, each one more beautiful than the previous one, and all jewels of baroque; an example is the church rebuilt by Jean de la Vougniaz and Pierre de l'Eglise. Finished in 1698, it was consecrated 4 years later. The steeple (1764) disappeared in the fire of 1792.

La ville est édifiée sur le versant adret de la vallée du Bon Nant, tandis que le hameau du Fayet est bâtit sur le cône de déjection de ce torrent, qui fit tant de misère aux Saint-gervolains. Les hameaux sont nombreux du fait du relief très tourmenté du terroir communal. Rappelons que la commune culmine à 4810 m au Mont-Blanc.

Les Ceutrons sont les premiers occupants (borne au col du Jaillet). C'est l'envoyé de l'empereur Vespasien qui fixe les frontières avec l'Allobrogie, en 74 après J.C. L'histoire de Saint-Gervais est la même que celle des Contamines et donc de tout le Val Montjoie. On bâtit une première église autour de l'an mille, dédiée à saint Protais et saint Gervais. La châtellenie ne voit passer que des propriétaires de haut lignage, tant du Faucigny que de Savoie, ainsi Rodolphe d'Allinges, par exemple.

Les gens vivent essentiellement de l'agriculture, fortement contrariée par le climat et de l'exploitation de la forêt. Et même si une foire ouvre en 1371, là aussi l'émigration est importante. Des confréries religieuses s'installent au pays et en 1605, on compte 400 feux, soit plus de 1500 âmes. C'est le temps où l'on construit de nombreuses chapelles toutes plus belles les unes que les autres car bijoux baroques, tout comme l'église rebâtie par Jean de la Vougniaz et Pierre de l'Eglise. Achevée en 1698, elle est consacrée 4 ans plus tard. La flèche (1764) disparaît dans l'incendie de 1792.

The major turning point for the commune came at the beginning of the 19th century with, in 1806, the discovery of thermal waters with benefits for skin diseases, and with the first advances in mountain climbing. The guides company was created in 1862. Joseph Marie Gontard built the first thermal baths, which continued to grow under changes of ownership. And in 1867, Saint-Gervais became officially Saint-Gervais-les-bains.

But in the region of Saint-Gervais they still remember the catastrophe which occurred on the night of 12th July 1892. The sub-glacial lake of the Tête Rousse glacier pushed its glacial rock bar, which gave way. More than 100,000 cubic metres of water, ice and mud gushed down towards the valley, at about 1 o'clock in the morning. 24 people died and 9 houses were carried off in the hamlet of le Bionnay. Half an hour later, the baths were swept away like straw and more than a hundred people (of whom 45 were staff at the baths) were killed. But the deluge did not stop there and in le Fayet there were a further 12 victims. One can safely say that this catastrophe in Saint-Gervais-les-Bains killed almost 150 people.

But the inhabitants of Saint-Gervais believe in the future and rebuilt the baths which, however, were not quite as successful as before. The wealth moved on to le Fayet with the arrival of the railway and the construction of the two PLM and TMB stations (1907). The neighbouring Chedde factory also took on people from le Fayet.

Today, Saint-Gervais-les-Bains is a renowned winter sports resort, offering 83 ski lifts and around 300 kilometres of ski runs, linked to neighbouring resorts. The infrastructures match the commune's ambitions and the hotel capacity is several thousand beds.

Le grand tournant de la commune se situe au début du XIXè siècle avec, en 1806, la découverte des eaux thermales bénéfiques pour les maladies de peau et par les premières foulées de l'alpinisme de haute montagne. On crée la Compagnie des Guides en 1862. Joseph Marie Gontard bâtit le premier établissement thermal, qui s'agrandit sans cesse tout en changeant de propriétaire. Et en 1867, Saint-Gervais devient officiellement Saint-Gervais-les-bains.

Mais au pays saint-gervolain on se souvient encore de la catastrophe de la nuit du 12 juillet 1892. Le lac sous-glaciaire du glacier de Tête Rousse pousse son verrou qui cède. Plus de 100 000 mètres cubes d'eau, de glace et de boue dévalent vers la vallée, vers 1 heure du matin. 24 personnes sont tuées et 9 maisons emportées au hameau du Bionnay. Une demi-heure plus tard, les thermes sont balayés comme fétu de paille et plus d'une centaine de personnes (dont 45 du personnel des thermes) sont tuées. Mais le flot n'en a pas fini et au Fayet il fait encore 12 victimes. On peut sans crainte dire que cette catastrophe de Saint-Gervais-les-Bains a fait près de 150 victimes.

Mais les Saint-Gervolains croient en l'avenir, ils rebâtissent les thermes, qui cependant périclitent un peu. La richesse se déplace au Fayet avec l'arrivée du chemin de fer et la construction des deux gares PLM et TMB (1907). L'usine de Chedde, voisine, embauche aussi des Fayerands.

Aujourd'hui, Saint-Gervais-les-Bains est une station de sports d'hiver de bonne renommée, offrant 83 remontées mécaniques et 300 kilomètres de pistes environ, reliées aux stations voisines. Les infrastructures sont à la hauteur des ambitions de la commune et la capacité hôtelière est de plusieurs milliers de lits.

Ici comme dans tout le département, on cherche à développer le tourisme estival et les atouts de Saint-Gervais ne manquent pas : patrimoine historique baroque, moyenne montagne, domaine de la randonnée familiale et haute montagne, pour les alpinistes et autres amoureux des grands espaces. De plus les thermes, devenus municipaux depuis 1930, voient passer plus de 5 000 curistes chaque année. Enfin l'arrivée du train et de l'autoroute a permis de développer une zone d'activités artisanales et industrielles dans la vallée.

Saint-Gervais se signale aussi par son équipe de hockey sur glace, son festival international d'humour et de théâtre sans oublier les multiples épreuves sportives comme le Grand prix international de patinage et de danse sur glace. Et les 5 396 (recensement de 1999) Saint-Gervolains sont fiers, à juste titre, de leur commune.

Depuis le Fayet, son église moderne et sa zone d'activités bien développée, franchissez l'Arve et passez sur le versant d'en face. Vous y trouverez Passy.

Here, as in the rest of the department, attempts are being made to develop summer tourism and Saint-Gervais is not short on trump cards: historic baroque heritage, mid-range mountains, areas for family mountain walks, and high mountains for the mountain climbers and other lovers of the great outdoors. What's more, the baths, which have been municipal since 1930, welcome more than 5,000 people taking the waters every year. And the arrival of train and the motorway have enabled the development of an area of craft industry and industrial activities in the valley.

Saint-Gervais also stands out because of its ice hockey team, its international comedy and theatre festival, and many sporting events such as the international skating and ice dance Grand Prix. And the 5,396 inhabitants (1999 census) of Saint Gervais are rightly proud of their commune.

From le Fayet, with its modern church and its well-developed area of activities, cross the Arve and visit the slopes opposite. There you will find Passy.

PASSY

Le terroir de la commune offre de multiples facettes. Deux sont d'importance pour l'activité humaine : la plaine fluvio-glaciaire au fond plat caractéristique d'une vallée en auge, favorable à l'agriculture, puis à l'industrialisation et la terrasse glaciaire d'Assy, qui s'étire au nord entre 970 et 1200 mètres d'altitude.

La présence romaine est attestée ici par de nombreux signes comme une borne gravée en latin (route des Plagnes). Ces gens venus du sud cultivent la vigne malgré l'altitude, mais ils ont trouvé là un excellent ensoleillement.

Au Moyen-âge Passy est une châtellenie genevoise enclavée dans les terres du comte de Faucigny. Au XVIè siècle, bien que l'on compte plus de 2 100 Passerands, l'émigration est intense car l'agriculture ne nourrit pas tout le monde et les jeunes veulent « voir du pays ».

Le premier grand tournant de Passy se situe en 1896 avec la construction de l'usine et en 1898 avec l'arrivée du train. Dans cette entreprise, on fabrique du chlorate servant à la fabrication d'un explosif baptisé du nom du lieu où est implantée l'usine : la cheddite. Par la suite, Pechiney produit ici de l'aluminium et des électrodes en graphite, utilisées pour la fabrication des aciers spéciaux ou dans les centrales atomiques, ainsi que de la magnésie électro-fondue. L'entreprise devient très importante et emploie 400 personnes, en 1919, tandis que le bourg compte 3 078 habitants.

En 1922, le second tournant est l'installation, par deux médecins de la mission Rockefeller, d'un établissement de cure. Petit à petit, le Plateau d'Assy devient un très grand centre français du traitement de la tuberculose avec 12 sanatoria, offrant plus de 2 000 lits.

Durant la seconde guerre mondiale, ici comme dans toute la vallée, la population est acquise à la Résistance. Les compagnies F.T.P. et A.S. sabotent, comme elles peuvent, les usines hydroélectriques sur l'Arve et les fours aluminium de Chedde et on cache des « indésirables » dans les sanas, ce qui coûtera la vie au docteur Jacques Arnaud notamment.

Après la guerre, les activités industrielles et médicales s'amplifient et l'on dépasse les 9 000 habitants en 1954. Cependant le recul de la tuberculose dans les années 70 freine ce bel élan. C'est le temps où l'on construit l'immense viaduc des Egratz, porteur de l'autoroute qui mène au tunnel du Mont-Blanc et à la vallée de Chamonix. Il domine aujourd'hui, par endroit de 70 mètres, l'usine de Chedde qui a considérablement ralenti son activité (300 emplois en 1996).

The land in the commune is multi-faceted. Two facets are important for human activity: the flat-bottomed fluvio-glacial plain characteristic of a U-shaped valley, which is favourable for agriculture, then for industrialisation, and the glacial terrace of Assy, which extends to the north at an altitude of between 970 and 1200 metres.

The Roman presence here can be seen in a number of signs, such as a milestone carved in Latin (les Plagnes road). These people arriving from the south were successful in growing vines in a location at high altitude, but which also has excellent hours of sunshine.

In the Middle Ages, Passy was a Genevan lordship set in the lands belonging to the count of Faucigny. In the 16th century, although it had no more than 2,100 Passerands (inhabitants), emigration was high, because agriculture was not enough to feed everyone and the young people wanted to "see the country".

The first major change of direction for Passy came in 1896 with the construction of the factory, and in 1898 with the arrival of the train. This undertaking manufactured chlorate used in the manufacture of an explosive named after the place where the factory is located: cheddite. Subsequently, Pechiney produced aluminium here and graphite electrodes, used for the manufacture of special steels or in nuclear power stations, in addition to electro-fused magnesium. The business became very large, employing 400 people in 1919, while the village itself had 3,078 inhabitants.

In 1922, the turning point was the setting up, by two doctors from the Rockefeller mission, of a treatment centre. Little by little, the Assy Plateau became a very large French centre for the treatment of tuberculosis, with 12 sanatoria offering more than 2,000 beds.

During the Second World War, here as in the rest of the valley, the population supported the Resistance. The F.T.P. and A.S. companies sabotaged, as much as they could, the hydro-electric plants on the Arve and the aluminium furnaces in Chedde, and "undesirables" were hidden in the sanatoria, which cost doctor Jacques Arnaud, amongst others, his life.

After the war, industrial and medical activities increased and there were more than 9,000 inhabitants in 1954. However, the decline in tuberculosis in the 1970s put a brake on this momentum. During this period the immense viaduct of the Egratz was built, carrying the motorway which leads to the Mont-Blanc tunnel and the Chamonix valley. Today it overlooks, by 70 metres, the Chedde factory, which has seen a considerable slowing down in its activity (300 employees in 1996).

De nos jours, les Passerands s'occupent dans l'agriculture pour quelques-uns encore, dans l'industrie ou l'artisanat qui persistent, ainsi que dans le tourisme venu renforcer le tissu économique. Passy a développé un tourisme estival important et surtout un tourisme culturel grâce à l'association Art au pays du Mont-Blanc : création de la route de la sculpture, organisation de la Biennale internationale de la sculpture ou Salon du livre de montagne sont la pour en témoigner. Monsieur Perrin, le maire, veut faire de Passy la capitale haut-savoyarde de l'art contemporain. Il est vrai que l'église Notre-Dame de toutes les Grâces, due à l'architecte Novarina, consacrée en 1952 et décorée par les plus grands artistes contemporains de Lurçat à Braque, de Bonnard à Matisse, est une perle de l'art contemporain.

Et s'il y a plus de 10 000 Passerands de nos jours, ils peuvent êtres fiers de leur commune.

Nos ancêtres, qui n'étaient point fols, n'escaladaient point les Egratz réputés dangereux. Ils tracèrent ainsi une route à flanc de montagne par Joux pour rejoindre Servoz.

Nowadays, a few Passerands are still involved in agriculture, and others in the remaining industry and handicrafts, as well as in tourism which has come to reinforce the economic fabric. Passy has developed considerable summer tourism and above all cultural tourism thanks to the "Art in the Mont-Blanc region" association: the creation of the sculpture route, organisation of the Biennial international sculpture event and the mountain book fair are some examples of its activity. Monsieur Perrin, the mayor, wants to make Passy the Haute-Savoie capital of contemporary art. It is true that the Notre-Dame de toutes les Grâces church, designed by the architect Novarina, consecrated in 1952 and decorated by the greatest contemporary artists from Lurçat to Braque, and Bonnard to Matisse, is a pearl of contemporary art.

And the current figure of more than 10,000 Passerands have reason to be proud of their commune.

Our ancestors, who were not in the least bit mad, had no intention of climbing the Egratz because of its dangerous reputation. So they traced a route on the mountainside, through Joux and joining Servoz.

SERVOZ

Servoz occupe un ombilic glaciaire entre deux verrous, celui des Montées Pélissier et celui des Gures. Pour « arranger » le tout, le village s'est bâti sur le cône de déjection de la Diosaz. Signifiant « cuvette conservant l'eau » en latin (Servare), le village porte bien son nom puisqu'il y eut un lac jusqu'en 1491. Un éboulement modifie alors le paysage et le lac s'écoule dans la vallée.

En 1697, les Servoziens construisent l'église actuelle, dédiée à saint Loup. Le lanterneau baroque du clocher date de 1745. L'année suivante, on ouvre les mines de cuivre des Montées Pélissier et en 1882 une société exploite toutes les mines de la vallée, employant de nombreux « Chirves », nom patois des habitants, qui sont alors 853. On exploite le cuivre de Pormenaz, le zinc et le plomb, la galène argentifère et aurifère, mais cela n'empêche pas la population de décroître. Ils ne sont plus que 453 lors de l'Annexion.

A la fin du XIXè siècle, on améliore la route de Chamonix et Achille Cazin aménage (1875) les gorges de la Diosaz pour les touristes qui commencent à arriver au pays par le train (1906), mais aussi par la route, pour la montagne et l'alpinisme. Servoz n'est pas en reste lors de la Seconde Guerre Mondiale et les maquisards sont nombreux à « œuvrer » pour la Résistance : sabotage des usines hydrauliques ou barrages entre autres. Après la guerre, la population recommence à décroître et on ne recense plus de 426 habitants en 1982. C'est que le terroir ne favorise nullement l'agriculture même si quelques exploitations perdurent.

Aujourd'hui, on joue la carte du tourisme estival de montagne : gorges de la Diosaz, gîtes d'étapes, hôtels, randonnées, et mur d'escalade… mais également le rôle de « soupape » hivernale pour désengorger ses voisines. « On a énormément construit ces dernières années » (dixit la mairie) et la population dépasse aujourd'hui largement 900 âmes.

La route continue son ascension vers les Houches que l'on découvre au-delà du viaduc Sainte-Marie, édifié au début du XIXè siècle pour faire passer le train, et qui vit de rudes combats pour la libération de la vallée en août 1944.

Servoz occupies the lowest point of the glacier between two glacial rock bars, that of the Montées Pélissier and Gures. And to "organise" everything, the village is built on the la Diosaz dejection cone. Meaning "bowl which holds water" in Latin (Servare), the village was appropriately named, as there was a lake here until 1491. Then a landslide changed the landscape and the lake ran down into the valley.

In 1697, the Servoziens built the current church, dedicated to saint Loup. The baroque lantern on the tower dates from 1745. The following year, the copper mines of the Montées Pélissier were opened and in 1882 a company began to operate all the mines in the valley, employing numerous "Chirves", the patois name for the inhabitants, who numbered 853 at the time. Copper was extracted from Pormenaz, together with zinc and lead, and the silver-bearing and gold-bearing galenite, but that did not prevent the population from decreasing in number. There were only 453 at the time of the Annexation.

At the end of the 19th century, the Chamonix road was improved and Achille Cazin developed (1875) the gorges of la Diosaz for the tourists, who began to arrive in the region by train (1906), but also by road, for the mountains and the climbing. Servoz was not to be outdone during the Second World War and there were many maquisards (members of the french resistance) who "worked" for the Resistance, sabotaging hydro-electric plants and dams, amongst other things.

After the war, the population began to fall again and the census recorded a mere 426 inhabitants in 1982. This is because the land is completely unfavourable for agriculture, even though some operations still remain.

Today, they play the summer mountain tourism card: la Diosaz gorges, lodges, hotels, walks, and a climbing wall… but also the role of a "valve" in winter to relieve the congestion of its neighbours. "We have built an enormous amount in recent years" (says the town hall) and today the population is in excess of 900 souls.

The road continues to climb towards les Houches, which can be found beyond the Sainte-Marie viaduct: this was built at the beginning of the 19th century to provide a route for the train, and saw some ferocious fighting for the liberation of the valley in August 1944.

LES HOUCHES

Le site des Houches (n'aillez pas peur des liaisons), à 1008 m d'altitude, est un site de piémont, sous le massif du Mont-Blanc, face au verrou glaciaire de Sainte-Marie. Sur cette commune culminant à 4304 mètres (Dôme du Goûter), une grande partie du terroir à vivre se situe sur les montagnes du Prarion et de Voza.

Liée au prieuré de Chamonix, la paroisse devient indépendante en 1734, date à laquelle on édifie une église à la belle façade baroque, dédiée à saint Jean-Baptiste. (Le clocher à bulbe date de 1825). C'est au XVIIIè siècle également qu'on se lance dans l'exploitation du fer à Fouilly-Sainte-Marie et d'anthracite à Coupeaux. En 1838, malgré une surface agricole faible et peu facile, on recense 1713 Houchards, mais ils ne sont plus que 1108 en 1911.

C'est en 1934 qu'on bénit la statue du Christ Roi, sise au hameau de Coupeaux face au Mont-Blanc, mais il n'y plus que 834 habitants au pays pour l'admirer. Trois ans plus tard, Emile Allais devient champion du monde de descente à ski sur la piste mythique des Houches. Le tourisme d'hiver est en marche : on ouvre le téléphérique de Bellevue, la télécabine du Prarion (récemment refait) et les hôtels et meublés se multiplient. Les vaches se retirent sur Vaudagne, bientôt poussées

vers la sortie par les résidences secondaires ou non. En 1954, les Houches compte 1137 habitants. Le barrage des Houches alimente la centrale de Passy et on installe la centrale électrique de Mont-Vauthier alimentée par le barrage de la Diosaz. Le tunnel du Mont-blanc (inauguré en 1965) augmente considérablement le trafic dans la vallée et il faut réaménager la route Passy – Chamonix (tunnel du Chatelard et pont-canal de la Griaz, entre autres ouvrages d'art). Une nouvelle voie évite le village ce qui assure une certaine tranquillité aux habitants tout au long de l'année.

Aujourd'hui les Houches sont une station de sports d'hiver à part entière, offrant une cinquantaine de kilomètres de piste desservies par une vingtaine de remontées mécaniques, mais elles sont aussi une station estivale au pied du Mont-Blanc. On a multiplié les parcours de randonnées, Bellevue et Prarion sont ouverts en été et le parc animalier de Merlet est à découvrir. La capacité d'accueil est de plusieurs milliers de lits et la population dépasse 3 000 habitants.

La route continue au-delà des Houches vers Chamonix, Vallorcine (vallée des Ours), le col des Montets et le canton suisse du Valais. Arrêtons pour achever notre parcours au pays du Mont-Blanc à Chamonix.

The site of Les Houches (don't be afraid to run the words together and pronounce the "z" at the end of Les), at an altitude of 1,008m, is a Piedmont site, beneath the Mont-Blanc massif, facing the glacial rock bar of Sainte-Marie. In this commune, which reaches its highest point at 4,304 metres (Dôme du Goûter), a large part of the land which provides a living is located on the Prarion and Voza mountains.

Linked to the priory of Chamonix, the parish became independent in 1734, the year in which a church with a beautiful baroque façade was built, dedicated to Saint Jean-Baptiste (the onion-shaped tower dates from 1825). It was also in the 18th century that they began to extract iron in Fouilly-Sainte-Marie and anthracite in Coupeaux. In 1838, despite agricultural land that was poor and difficult to work, the census recorded 1,713 inhabitants in Les Houches, although this number had fallen to 1,108 by 1911.

It was in 1934 that the statue of Christ the King was blessed, in the hamlet of Coupeaux facing Mont-Blanc, but by that time there were only 834 inhabitants in the region to admire it. Three years later, Emile Allais became world downhill ski champion on the mythical slope of Les Houches. Winter tourism was under way: the Bellevue cable car was opened, as was the Prarion cable car (recently rebuilt) and hotels and furnished accommodation multiplied. The cows withdrew to Vaudagne, soon to be pushed further towards the exit by second (or not) homes. In 1954, Les Houches had 1,137 inhabitants. The dam at Les Houches provides power for the Passy power station and the electricity power station built at Mont-Vauthier is powered by the Diosaz dam. The Mont-Blanc tunnel (which opened in 1965) considerably increased the traffic in the valley and the Passy–Chamonix road had to be modified (le Chatelard tunnel and the Griaz bridge-canal, amongst other works of art). A new route bypasses the village, guaranteeing a certain peace and quiet for the villagers all year round.

Today Les Houches is a full-blown winter sports resort, offering fifty kilometres of ski runs served by twenty or so ski lifts, but it is also a summer resort at the base of Mont-Blanc. The number of walking routes has increased, Bellevue and Prarion are open in summer and the Merlet animal park is another venue to visit. The guest capacity is several thousand beds and the population now exceeds 3,000 inhabitants.

The road continues beyond Les Houches towards Chamonix, Vallorcine (Les Ours valley), le col (pass) des Montets and the Swiss canton of Le Valais. Let's now stop and complete our trip around the Mont-Blanc region in Chamonix.

CHAMONIX MONT-BLANC

Nous sommes ici dans le saint des saints, dans La Mecque de l'alpinisme et de la très haute montagne. La ville est en effet dominée par le Massif du Mont-Blanc qui culmine, comme chacun sait, à 4810 mètres d'altitude.

Nous sommes là dans une vallée glaciaire à fond plat, en auge, dominée au nord par le Massif des Aiguilles Rouges (2965 m) et au sud par la chaîne du Mont-Blanc. Il va de soit que le terroir agricole est fort restreint et que le salut de Chamouny ne pouvait venir que de la montagne. Petite remarque au passage : au Moyen-âge, on appelle Chamouny l'ensemble de la vallée, le Chamonix actuel s'appelait le Prieuré. Car c'est bien d'un prieuré dont il s'agit.

Les moines, bénédictins ceux-là, recherchant toujours les endroits solitaires et retirés du monde, s'installent ici au XIIè siècle. L'église, consacrée à Saint Michel, ouvre sa porte en 1109. Richard de la Villette (prieur de 1255 à 1296) organise véritablement le prieuré. Les cultures sont maigres et l'élevage difficile, mais malgré tout on y croit et on reste au pays. L'église, devenue trop petite, est rebâtie et consacrée en 1714. Les Chamoniards ne peuvent empêcher les Houches (1734) et Argentière (1723) de devenir des communes indépendantes. Le prieuré brûle en 1758 et tout le monde se rappelle ce jour-là que les Anciens parlaient d'un grand incendie, c'était en 1583. En 1783, on recense 2 022 « Casse Poupin ». Si j'en crois un certain spécialiste, Paul Felhmann, cela voudrait dire que les chamoniards sont si avares qu'ils cassent les noyaux de prunes pour en consommer l'amande. Les Chamoniards se vengeraient-ils en surnommant les habitants d'Argentière « lou Damou » (déformation de « les d'amont, qui vivent en amont de Chamonix) et ceux du hameaux des Bossons, qu'ils doivent trouver bien petits puis qu'ils les surnomment « lou Babotye ».

Bref, la grande aventure pour Chamonix - et la vallée - va commencer avec l'arrivée des premiers touristes anglais fascinés par la montagne qu'ils n'ont pas, nous sommes en 1771. La montagne fait peur aux habitants, elle est peuplée de mauvais génies et de bêtes malfaisantes ; elle se fâche souvent, éboulements, avalanches…, seuls certains « inconscients », les cristalliers ou les chasseurs de chamois s'y aventurent, et encore, à la belle saison.

Here we find ourselves in the holy of holies, the Mecca of mountaineering and the highest mountains. The town is in fact dominated by the Mont-Blanc Massif, whose highest point, as everyone knows, is 4,810 metres.

This is a flat-bottomed glacial valley, dominated to the north by the Massif des Aiguilles Rouges (2,965m) and to the south by the Mont-Blanc chain. It goes without saying that agricultural land is far from plentiful and that the health of Chamouny could only come from the mountain. A small remark in passing: in the Middle Ages, the name Chamouny was applied to the whole valley, and the current Chamonix was called le Prieuré (the Priory). Because a priory is exactly what it is.

The monks, this time Benedictines, constantly on the lookout for solitary places well away from everyone else, settled here in the 12th century. The church, devoted to Saint Michel, opened its doors in 1109. Richard de la Villette (prior from 1255 to 1296) was the real organiser behind the priory. It was difficult to grow crops and raise cattle, but in spite of everything they believed in it and remained in the region. The church, which had become too small, was rebuilt and consecrated in 1714. The people of Chamonix could not prevent les Houches (1734) and Argentière (1723) from becoming independent communes. The priory burnt down in 1758 and everyone remembers that day that the Ancients spoke of a great fire, in 1583. In 1783, the census recorded 2,022 "Casse Poupin". If I am to believe a certain specialist, Paul Felhmann, that would mean that the people of Chamonix are so miserly that they break plum stones open to eat the almond inside. The Chamoniards supposedly got their revenge by giving the inhabitants of Argentière the nickname "lou Damou" (a corruption of "les d'amont") and those of the hamlets of les Bossons, who they must see as being very small, the nickname "lou Babotye".

Anyway, the great adventure for Chamonix – and the valley – was to begin with the arrival of the first English tourists fascinated by the mountain that their country does not have: the year was 1771. The mountain frightens the inhabitants, because it is populated by evil spirits and wicked beasts; it often becomes angry, with rock falls, avalanches, and more: only a "reckless" few, crystal seekers or chamois hunters venture there, and only in the right season.

En 1760, Horace Bénédicte de Saussure, à qui les Chamoniards ont eu raison d'élever une statue, offre une prime à celui qui atteint le Mont-Blanc. Vingt-six ans plus tard, en 1786, Jacques Balmat et le docteur Michel Paccard réussissent l'impossible exploit. L'année suivante des scientifiques mesurent le Géant à 14 673 pieds (soit à peu près 4775 m). La « Rose du Mont-Blanc » est la première femme à arriver tout là-haut, en 1808. L'engouement pour la montagne attire les têtes couronnées de toute l'Europe et, en 1823, Charles-Félix roi de Piémont, crée la Compagnie des Guides. Ils sont nombreux les grands noms de la montagne derrière Michel Croz, Joseph Ravanel, Armand Charlet et que tous les autres me pardonnent et notamment Roger Frison-Roche ou Luc Tournier. En 1853, on édifie le premier refuge de haute montagne, les Grands Mulets. Le bourg, dopé par cette nouveauté, compte plus 2 500 habitants au milieu du XIXè siècle, juste avant qu'un violent incendie (1855) ne viennent ravager le centre ville.

La deuxième chance de « Cham » c'est la découverte du ski. En 1889 le docteur Payot fait venir des « planches » de Norvège. Alpinisme et ski font la fortune de Chamonix qui reçoit près de 25 000 visiteurs par an au tournant du siècle. En 1901, on inaugure le chemin de fer du Montenvers, dit aussi de la Mer de Glace. Le train arrive en gare de Chamonix en 1908 et les mordus de la glisse organisent des compétions de ski.

En 1921, pour le remercier de ses bienfaits après tant d'années de peur et d'incertitude, les Chamoniards obtiennent que leur commune s'appelle désormais Chamonix-Mont-Blanc. Trois ans plus tard, c'est la consécration avec l'ouverture des premiers Jeux Olympiques d'hiver, même s'ils ne portent pas vraiment ce nom. En 1925, le téléphérique des Pélerins atteint le Col du Midi, puis c'est au tour de celui du Brévent et de nombreuses autres remontées mécaniques pour « culminer » en 1957 avec le téléphérique de l'Aiguille du Midi, qui restera longtemps, avec ses 3842 m, le plus haut du monde.

In 1760, Horace Bénédicte de Saussure, to whom the people of Chamonix were right to erect a statue, offered a prize for anyone who could reach the summit of Mont-Blanc. Twenty-six years later, in 1786, Jacques Balmat and doctor Michel Paccard succeeded in performing the impossible. The following year, scientists measured the Géant (Giant) at 14,673 feet (or approximately 4,775m). The "Rose of Mont-Blanc" was the first woman to reach the summit, in 1808. The mountain craze attracted the crowned heads of all Europe and, in 1823, Charles-Félix, king of Piedmont, created the Compagnie des Guides. There are many great names of the mountain behind Michel Croz, Joseph Ravanel, Armand Charlet and all the others who must forgive me, notably Roger Frison-Roche or Luc Tournier. In 1853, the first upper mountain refuge was built, called les Grands Mulets. The town, given a boost by this new craze, had more than 2,500 inhabitants in the middle of the 19th century, just before a violent fire (1855) ravaged the town centre.

The second opportunity for "Cham" came with the discovery of skiing. In 1889 doctor Payot had "boards" brought in from Norway. Mountaineering and skiing made the town's fortune, and Chamonix was receiving almost 25,000 visitors a year at the turn of the century. In 1901, the Montenvers railway, also known as the Mer de Glace (Sea of Ice), was opened. The train arrived at Chamonix station in 1908 and skiing enthusiasts organised the first competitions.

In 1921, as a reward for its good deeds after so many years of fear and uncertainty, the Chamoniards got their wish for their commune henceforth to be called Chamonix-Mont-Blanc. Three years later, there was further recognition with the opening of the first winter Olympic Games, even if they didn't really have that name. In 1925, the Pélerins cable car reached the Col du Midi, then it was the turn of the one at the Brévent and numerous other ski-lifts, "culminating" in 1957 with the Aiguille du Midi cable car, which would remain for a long time, at 3,842m, the highest in the world.

Chamonix est aussi la patrie de nombreuses personnalités. Souvenons-nous par exemple de James Couttet et de Charles Bozon, tous deux champions du monde de ski. L'Ecole Militaire de Haute Montagne (l'E.H.M.) ouvre en 1932. Après la guerre, durant laquelle la Résistance fut active bien que 300 soldats allemands soient en convalescence armée dans différents hôtels, on recense 5 883 habitants (1946). Deux ans plus tard on ouvre l'Ecole Nationale de Ski et d'Alpinisme et on commence à multiplier les installations sportives.

Chamonix is also the birthplace of numerous well-known figures. Lets remember, for example, James Couttet and Charles Bozon, both world skiing champions. The high mountain military school (E.H.M.) opened in 1932. After the war, during which the Resistance was active despite there being 300 German soldiers in armed convalescence in different hotels, the census recorded 5,883 inhabitants (1946). Two years later the National skiing and mountaineering school was opened and work was begun on increasing the sporting facilities.

En 1965, avec le percement du tunnel du Mont-Blanc, la vie des Chamoniards change quelque peu et aujourd'hui, après la terrible catastrophe du 24 mars 1999 qui fit 39 victimes, ils sont nombreux à réclamer la quasi-fermeture du tunnel aux poids lourds. De plus, le massif du Mont-Blanc, s'il pouvait parler, serait certainement de leur avis, lui qui aime tant respirer l'air pur de ses montagnes.

Aujourd'hui, Chamonix est une station d'alpinisme et de ski à la renommée mondiale. Elle garde jalousement le «Toit de l'Europe », où l'on se presse par milliers chaque année. Mais la gestion de ces flux et la hausse faramineuse des loyers, de l'immobilier et des terrains inquiète grandement Michel Charlet, maire de la commune et de nombreux Chamoniards. Si la capacité d'accueil est supérieure à 20 000 lits, il est sûr que les 10 109 Chamoniards (1999) ne sont plus, et depuis longtemps, des « Casse-Poupins ».

Palais des Congrès

Maison de la Montagne

In 1965, with the drilling of the Mont-Blanc tunnel, the life of the Chamoniards changed somewhat and today, after the terrible catastrophe of 24th March 1999, in which 39 people died, many people want the tunnel to be practically closed to heavy goods vehicles. What's more, if the Mont-Blanc massif could speak, it would certainly share their opinion: it is the pure air of its mountains that it loves to breathe.

Nowadays, Chamonix is a world-renowned mountaineering and skiing resort. It is the proud owner of the title "Rooftop of Europe", to which thousands flock every year. But the management of these flows of visitors and the astronomical increase in rents, real estate and land prices are of great concern to Michel Charlet, the commune's mayor, and to many Chamoniards. With a capacity of more than 20,000 guest beds, what is certain is that the 10,109 Chamoniards (1999) are no longer, and have not been for a long time, "Casse-Poupins".

LE FAUCIGNY, une vallée dynamique

Le touriste amateur de ski, voire simplement de montagne, traverse le Faucigny à la vitesse de l'éclair pour atteindre le plus vite possible le Grand Massif ou le Pays du Mont-Blanc. C'est bien regrettable pour lui ! Il perd beaucoup, en effet, à faire l'impasse sur le Faucigny !

Cette partie du duché Savoie n'y a été intégrée qu'au XIVè siècle à la suite d'un échange entre le Dauphin de France et le Duc de Savoie. En ces temps lointains, l'avis des peuples ne faisait pas partie des éléments à prendre en compte…

On remonte la vallée de l'Arve à partir… A partir, disons d'Annemasse, car, ici, les limites sont floues ; mais, très vite, il n'y aura plus d'incertitude, on sera indubitablement en Faucigny, surtout lorsqu'on découvrira l'existence de la commune nommée Faucigny ! Avec ses 413 habitants, elle a donné son nom à la seigneurie, tout bonnement parce que c'est là que se trouvait le château dont le nom s'est étendu à l'ensemble des possessions et des acquisitions de la famille. Finalement, cela engendra les Etats du Faucigny, sous la châtellenie de Châtillon-sur-Cluses.

Les sires de Faucigny emplirent de l'éclat de leur nom trois siècles d'histoire ! Béatrix, fille du Comte de Savoie et d'Agnès de Faucigny fonda la Chartreuse de Mélan où elle fut ensevelie !

Faire du Faucigny uniquement la voie qui conduit au mont Blanc serait profondément injuste car cette vallée est loin de n'être que cela ! C'est même la partie la plus industrialisée du département et, en tout cas, la plus ancienne.

L'industrie horlogère y fut rapportée d'Allemagne dès 1720, par la famille Ballaloux, avec un éclatant succès, puisque, durant le premier quart du XIXè siècle, elle employait près de 1500 personnes et un millier de plus au moment de l'Annexion en 1860 ! Le débouché principal des fabrications des horlogers était, bien évidemment, Genève. En hiver, d'ailleurs, nombre d'agriculteurs, dans les villages haut perchés et, de ce fait ensoleillés, disposaient d'un atelier vitré, exposé à l'adret, où ils réalisaient du travail « à façon » qu'on leur avait apporté vers la saint Michel, et qu'ils rendaient, contre leur salaire, au printemps.

Ski-loving tourists, even simply mountain-lovers, cross Faucigny as fast as they can to get to the Grand Massif or the Mont-Blanc region. And what a pity that is! They are missing a lot, in fact, by passing Faucigny by.

This part of the duchy of Savoy only become integrated into it in the 14th century, after an exchange between the Dauphin of France and the Duke of Savoy. In those far-off times, the opinion of the people was not one of the elements to be taken into account…

You climb the Arve valley from… Let's say, from Annemasse, because here the limits are blurred; but very soon there will be no more uncertainty, and you will be in no doubt you are in Faucigny, especially when you discover the existence of the commune called Faucigny! With its 413 inhabitants, it gave its name to the lord's domain, quite simply because it was the site of the château whose name spread to all the family's possessions and acquisitions. Finally, this would beget the States of Faucigny, under the lordship of Châtillon-sur-Cluses.

The lords of Faucigny filled three centuries of history with the brilliance of their name! Béatrix, the daughter of the Count of Savoy and Agnès de Faucigny founded the Carthusian monastery of Mélan, where she was finally buried.

Making Faucigny merely the route which leads to the Mont Blanc would be deeply unfair, because this valley is far from being just that. It is even the most industrialised part of the département and, in any case, the oldest.

The clock-making industry was brought here from Germany, in 1720, by the Ballaloux family, with resounding success; in the first quarter of the 19th century it employed almost 1500 people, and a thousand more at the time of Annexation in 1860! The main outlet for the clock-makers' production was, of course, Geneva. In winter, moreover, a number of farmers in the villages perched high up, and thus sunny, had a south-facing glass workshop for them to carry out the work brought to them in saint Michel, and which they gave back in exchange for a salary, in the spring.

Naturellement, de l'horlogerie au décolletage, il n'y avait pas loin ! Dès l'apparition de la houille blanche, la fée électricité, aisée à produire puisque l'eau vive abonde, apporta l'énergie nécessaire à l'industrialisation d'une vallée qui allait ainsi devenir la capitale mondiale du décolletage et où l'on produit, encore aujourd'hui, plus de 60 % de décolletage national. Cette industrie, malgré la concurrence extrême-orientale, est indispensable à la vie quotidienne : 30 % du chiffre d'affaires de plusieurs centaines d'entreprises est réalisé dans l'automobile, 23 % dans l'électricité et l'électronique, 8% dans l'électroménager, le restant se partageant entre l'armement, le nucléaire, les sports et l'aéronautique. Une diversification essentielle pour une industrie où coexistent de petites firmes traditionnelles (qui utilisent tout de même la commande numérique !) et des entreprises d'importance internationale.

Comme dans toutes les régions de montagnes, si la circulation est généralement aisée dans les vallées, le lien entre elles n'a rien d'évident. Deux axes principaux permettent de se déplacer dans le Faucigny à partir de Bonne-sur-Ménoge. L'un, en direction du cirque du Fer à Cheval, suit la partie basse de la vallée de la Ménoge puis rejoint celle du Giffre. L'autre, suit la vallée de l'Arve jusqu'à Argentières. Mais si les deux axes communiquent entre eux, jusqu'à Taninges et Cluses, au-delà il n'en est plus de même, sauf évidement en utilisant les itinéraires de randonnées pédestres ou à ski !

Of course, it was just a small step from clock-making to bar-cutting. As soon as hydroelectric power appeared, easy to produce because there is an abundance of fast-flowing water, it brought the energy necessary for the industrialisation of a valley which was destined to become the world bar-cutting capital, and where even today the production still accounts for more than 60% of the national bar-cutting industry. This industry, in spite of the competition from the Far East, is indispensable for daily life: 30% of the turnover of several hundred companies is made in the automotive industry, 23% in electricity and electronics, 8% in domestic appliances, with the remainder being shared between armaments, the nuclear industry, sports and the aeronautical industry. Essential diversification for an industry where small traditional firms (which, all the same, use numerical controls!) coexist with companies of international importance.

As in all mountain regions, although it is generally easy to move around in the valleys, the connection between them is not so clear. Two main axes allow movement in the Faucigny from Bonne-sur-Ménoge. One, in the direction of the Fer à Cheval cirque, follows the low part of the Ménoge valley before joining the Giffre valley. The other follows the Arve valley to Argentières. But although the two axes communicate with each other, as far as Taninges and Cluses, beyond that point it is not the same, unless of course you want to use hiking paths or go on skis!

BONNE SUR MENOGE

C'est à Bonne que la Ménoge, descendant de la Vallée Verte, rejoint la vallée de l'Arve avant de s'y jeter un peu plus en aval. Du coup cette plaisante petite ville donne accès à la fois à cette vallée, à celle du Giffre, et bien sûr au Faucigny. D'ailleurs, longtemps, la circulation y fut pour le moins compliquée... À l'inverse, aujourd'hui, on y passe beaucoup moins ; cela fait certainement le bonheur des habitants et de ceux qui doivent se déplacer quotidiennement pour leur travail. Toutefois on peut se demander si le tourisme consiste véritablement à aller vers un but, le plus vite possible, en laissant de côté tout ce qui en détournerait, oubliant que la lenteur contemplative donne saveur au voyage et permet des rencontres, même fugaces. La marche et le vélo permettent cela, se développent, mais ne sont guère en accord avec les objectifs du tourisme de masse. Faire un petit détour, ne serait-ce que pour découvrir une église du XVè siècle ou un restaurant gastronomique, est-ce que cela ne vaut pas la peine ?

It is in Bonne that the Ménoge, coming down from the Green Valley, joins the Arve valley before merging with the larger river a little further downstream. As a result, this pleasant little town gives access to this valley, the Giffre valley and, of course to the Faucigny. Besides, for a long time, traffic here was to say the least complicated... Nowadays it is quite the opposite, and people pass through here much less; something which is almost certainly to the liking of the inhabitants and those who have to travel every day to work. However, one wonders whether tourism really consists of getting to one's destination as quickly as possible, leaving aside everything in the way, and forgetting that a contemplative, gentle approach gives the trip extra flavour and allows you to meet people, however fleetingly. Walking and cycling allow this, and are developing, but are scarcely in agreement with the objectives of mass tourism. Making a small detour, even if only to discover a 15th century church or a gastronomic restaurant: isn't that worth while?

Viuz-en-Salaz

En continuant la D 907, on passera à Pont de Fillinges, puis on atteindra Viuz-en-Sallaz. Le nom de cette agglomération ne peut guère cacher ses origines latines : Vicus in Salacio désignerait le bourg du domaine. La proximité de Ville-en-Sallaz, en latin Villa in Salacio, ne fait que conforter une forte implantation romaine dans ce secteur.

Viuz abrite un « musée paysan » qui présente une belle collection d'outils rappelant le travail de ceux qui ont fait notre pays tel qu'il est, et qui le préservent autant que faire se peut…

Ici, nous sommes aux pieds du Môle, un mont bien connu pour ses promenades et ses champs de jonquilles au printemps. Un petit lac se trouve à côté du village de La Tour qui devait assurer, au Moyen Age, la surveillance du verrou qui donne accès à Saint-Jeoire

En 1890, sur cet axe fut établi un tramway qui reliait Annemasse à Samoëns mais il ne survécut pas à l'essor de l'automobile. Ce n'est pas sans une certaine nostalgie que l'on découvre les anciennes gares le long de la route.

Continuing along the D907, you will pass Pont de Fillinges, before reaching Viuz-en-Sallaz. The name of this agglomeration can scarcely hide its Latin origins: Vicus in Salacio was the name of the town on the estate. The proximity of Ville-en-Sallaz, in Latin Villa in Salacio, merely reinforces the strong Roman presence in this sector.

Viuz is home to a "peasant museum" which has a fine collection of tools recalling the work of those people who made our region what it is, and who preserve it as much as they can…

Here we are at the foot of the Môle, a mountain well known for its walks and its fields of daffodils in spring. There is a small lake next to the village of La Tour which must have guaranteed, in the Middle Ages, surveillance of the glacial rock bar which gives access to Saint-Jeoire

In 1890, a tramline was built on this route, linking Annemasse with Samoëns, but it did not survive the development of the automobile. It is not without a certain nostalgia that you discover the former stations along the route.

SAINT-JEOIRE

L'agglomération est surplombée par le château de Beauregard qui contrôlait la vallée du Risse et qui est toujours habité, depuis le XIIIè siècle, par une illustre famille. Au sommet des murs du logis une bande blanche serait un privilège consenti aux familles des chevaliers qui, au XIVè siècle, ont participé à une expédition en Orient organisée pour rendre le pouvoir au basileus byzantin. À cette époque encore s'esquissa même un rapprochement entre catholiques et orthodoxes qui n'eut pas de suite…

En poursuivant la D 907, on passera à Mieussy où fut probablement imaginé ce nouvel usage du parachute que l'on nomme parapente. Si l'on a un peu de chance, on verra à coup sûr virevolter les voiles multicolores le long des falaises qui limitent la station de Sommand.

The built-up area is overlooked by the château of Beauregard, which controlled the Risse valley and has been inhabited since the 13th century by an illustrious family. At the top of the walls of the dwelling there is a white strip, a privilege granted to the families of knights who, in the 14th century, took part in an expedition in the Orient organised to return power to the Byzantine basileus. At that time there was still the possibility of a rapprochement between Catholics and Orthodox Christians, which came to nought…

If you carry on along the D907, you will pass Mieussy, where they probably dreamed up the new use for the parachute called parapenting. If you are lucky, you will almost certainly see the multicoloured sails pirouetting along the cliffs which mark the limits of the resort of Sommand.

TANINGES

Depuis Cluses, la route monte ver le col de Châtillon qui donne accès à la station de Flaine et à la haute vallée du Giffre. Nous voilà maintenant dans l'ombilic glaciaire drainé par le torrent alpestre du Giffre et fermé à l'aval par un verrou glaciaire au lieu dit l'Etroit-Denté.

From Cluses, the road climbs up to the col de Châtillon, which gives access to the resort of Flaine and the high mountain valley of le Giffre. We are now in the heart of the glacier, drained by the fast-flowing alpine river of le Giffre and closed off downstream by a glacial barrier in the place known as l'Etroit-Denté.

À 640 mètres d'altitude, ce gros bourg existe pour sa position de carrefour et se voit de loin, du moins sa massive église dédiée Saint-Jean-Baptiste. Le visiteur averti remarque immédiatement une autre construction religieuse dans la plaine : la chartreuse de Mélan. En réalité, là n'est point l'acte de naissance mais bel et bien dans la commune de Fleyrier, comme le montre fort bien le travail de Juliette Châtel. Il est clair que la vallée fut de tout temps habitée. On a trouvé au hameau des Montants une médaille ayant appartenue à Julia Aquila-Severa l'épouse de l'empereur romain Elagabal, mort en 222. L'abbé Basthard-Bogain a même trouvé une église datant des VIIè ou VIIIè siècles. On pense que le bourg fut créé par les Burgondes. En 1355, le Faucigny rejoint la couronne de Savoie et en 1543, Charlotte d'Orléans accorde une charte de franchise au bourg de Taninges, qui peut ainsi commercer librement.

Au XVIIIè siècle, Taninges, gros bourg rural, centre du colportage montagnard, compte plus de 2 000 habitants et une petite industrie existe : travail des ardoises, fabrication de faux, travail du cuir et taillanderie diverse, tandis que les tailleurs de pierre émigrent pendant la saison d'été.

La chartreuse de Mélan date de 1290 et cette merveille d'architecture reste, pour moi, le meilleur souvenir de la noble dame Béatrix de Faucigny qui fonda ici un couvent de moniales (acte de 1285). Le cloître est tellement beau qu'un cinéaste vint tourner quelques séquences des « Rivières pourpres ». Au XIXè siècle, Mélan devient un collège, où enseigneront les Jésuites et les missionnaires de Saint-François de Sales, jusqu'à la séparation de l'Eglise et de l'Etat. Après 1906, le Conseil général en devient propriétaire et y installe en 1923 l'orphelinat départemental. Après le dramatique incendie de 1967, on a restauré l'église et le cloître.

Chartreuse de Mélan

Mais revenons à Taninges ce bourg rural qui à l'entrée du XXè siècle compte 2 225 habitants. Ceux-ci peuvent utiliser le tramway arrivé ici en 1892 et qui les relie à Annemasse. Malgré tout la population stagne. En 1982, on compte 2682 « Jacquemards » nom donné aux habitants de Taninges, grâce à une mutation économique réussie. On a développé un petit secteur industriel prenant le relais de l'agriculture déclinante. Et puis, en tant que chef-lieu de canton, elle assure un certain nombre d'administrations et une fonction commerciale importante. L'aménagement du Praz-de-Lys Sommand a redonné un second souffle à la commune dont le maire, Yves Laurat, peut être fier, tout comme Ernest Nycollin, conseiller général et Président du Conseil Général de Haute-Savoie.

Aujourd'hui Taninges, fort de plus de 3300 habitants, ne cesse de mettre en valeur son patrimoine et connaît une animation culturelle active tout au long de l'année, grâce à de multiples associations.

La route remonte ensuite la vallée du Giffre pour atteindre Samoëns.

At an altitude of 640 metres, this large village exists because of its position as a crossroads and can be seen from afar, or at least its massive church dedicated to Saint-Jean-Baptiste. Informed visitors will also notice immediately another religious building on the plain: the Carthusian monastery of Mélan. In fact, this was not actually its first site: this was the commune of Fleyrier, something which is clearly shown by the work of Juliette Châtel. It is obvious that the valley has always been inhabited. A medal was found in the hamlet of Montants which belonged to Julia Aquila-Severa, the wife of the Roman emperor Elagabal, who died in 222. The abbot Basthard-Bogain even found a church dating from the 7th or 8th centuries. It is believed that the village was created by the Burgondes. In 1355, Faucigny became part of the crown of Savoy and, in 1543, Charlotte d'Orléans granted a franchise charter to the village of Taninges, which was thus able to begin trading freely.

In the 18th century Taninges, a large rural village, centre of mountain peddling, had more than 2,000 inhabitants and a small industry: slate working, scythe manufacture, leather work and various edge-tool making activities, while the stone cutters emigrate during the summer season.

The monastery of Mélan dates from 1290 and this architectural marvel remains, for me, the finest memory of the noble lady Béatrix de Faucigny, who founded a convent for a contemplative order of nuns here (act of 1285). The cloister is so beautiful that a filmmaker came here to film various sequences of "The Crimson Rivers". In the 19th century, Mélan became a school, where the Jesuits and the missionaries of Saint-François de Sales taught, until the separation of Church and State. After 1906, the departmental council took over ownership and in 1923 set up the departmental orphanage. After a dramatic fire in 1967, the church and cloister were restored.

But let's return to Taninges, this rural village which had 2,225 inhabitants at the start of the 20th century. They were able to use the tram which began operating from here in 1892, linking them with Annemasse. But in spite of everything, the population remained stagnant. In 1982, the number of "Jacquemards", the name given to the inhabitants of Taninges, had risen to 2,682 thanks to a successful economic change. A small industrial sector was developed, taking over from declining agriculture. And then, as the "county town" of the canton, it also has a certain number of administrations and an important commercial function. The planning of the Praz-de-Lys Sommand has given a second wind to the commune whose mayor, Yves Laurat, can be proud, as can Ernest Nycollin, departmental councillor and Chairman of the Departmental council for Haute-Savoie.

Today Taninges, with its more than 3,300 inhabitants, is very good at bringing its heritage to the fore and has cultural activities throughout the year, thanks to its multiple associations.

The road then continues up the Giffre valley on its way to Samoëns.

SAMOËNS

Nous voilà maintenant au cœur du haut Giffre, au pays des Septimontains, que je préfère à Samoënsiens. (Septimontains venant de 7 monts, 7 alpages). Ah ! au fait pour faire savoyard, avalez le S et prononcez Samoin (écrit ainsi en 1234). J'espère que les âmes de « Chamoan » (patois) ne m'en voudront pas.

Au Moyen-âge, la vallée porte le nom de Certous (dérivé d'essarts) et Cham haut (alpage d'altitude) a peut-être donné le nom de la commune. Mais toutes les hypothèses restent ouvertes. Si le bourg est à 710 mètres d'altitude, il culmine à 2 638 m à la Pointe de la Golette.

Ce qui me frappe, à Samoëns, c'est le côté intimiste du centre du village. J'adore cette placette fleurie aux multiples couleurs, bien ordonnancée autour de son tilleul multi centenaire puisque planté en 1438. Cette place du gros tilleul est protégée des vents du nord par l'église dédiée à Notre-dame de l'Assomption, qui fut remaniée au XVIè siècle, mais aussi par l'ancienne mairie et vers le sud et l'ouest se déroule la grenette et une galerie de commerces attrayants. Le petit square ombragé est accueillant et l'on ressent ici une très grande sérénité.

L'histoire ici n'est pas très différente de sa voisine Taninges. On vit essentiellement de l'agriculture et des tailleurs de pierres (et des charpentiers) qui émigrent à l'entrée de l'été. Certaines estimations font état de 8 à 900 personnes qui partent ainsi travailler « dehors ». Une loge maçonnique est ouverte en 1773, s'ajoutant à la « Confrérie des Quatre Couronnées », association des maçons, ouverte en 1659.

En 1822, la population frôle les 4000 âmes et l'agriculture reste la principale activité, même si l'on tente de développer un artisanat rural. En 1892, le tramway arrive en gare de Samoëns, mais la population diminue : 2200 habitants en 1911. Le tourisme hivernal naissant ne freine pas cet exode et en 1982, on ne recense plus que 2165 Septimontains.

Samoëns a développé une station de sports d'hiver bien reliée aux domaines skiables environnants. Aujourd'hui, le bourg (2 368 habitants en 1999) a une très bonne capacité d'accueil et offre d'importantes infrastructures touristiques. Et classée « pays d'art et d'histoire », station verte de vacances, elle offre de multiples possibilités de sports et de loisirs. Et pour ceux qui l'aurait oublié, elle reste la patrie de Marie Louise Cognacq-Jay (1838–1925), du Cardinal Gerdil (1718-1802) et de l'Evêque Jean Biord, entre autres célébrités septimontaines.

Here we are now in the heart of the haut Giffre, in the region of the Septimontains, a word I prefer to Samoënsiens. (Septimontains comes from 7 mountains, 7 mountain pastures) Ah! And because this is Savoy, you have to swallow the S and pronounce it Samoin (written like this in 1234). I hope the people of "Chamoan" (the patois word) won't hold it against me.

In the Middle Ages, the valley had the name of Certous (derived from essarts, which means "areas of cleared land") and Cham haut (high mountain pasture) has perhaps given the commune its name. But all hypotheses remain open. Although the village is at an altitude of 710 metres, it reaches its highest point at 2,638m, with la Pointe de la Golette.

What strikes me in Samoëns is the intimate nature of the village centre. I love the little square with its multi-coloured flowers, perfectly arranged around its centuries-old lime tree, planted in 1438. This square with the large lime tree is protected from the northerly winds by the church dedicated to Our Lady of the Assumption, which was modified in the 16th century, but also by the ancient town hall; to the south and west are the "grenette" and a gallery of attractive shops. This shaded little square is a welcoming spot and gives you a feeling of great calm.

The history of this place is not very different from its neighbour Taninges. The principal economic activities are agriculture and stonecutting (and carpentry), with these craftsmen emigrating when summer arrives. Some estimates talk of between 800 and 900 people leaving to work "elsewhere". A Masonic lodge was opened in 1773, supplementing the "Confrérie des Quatre Couronnées" (Brotherhood of the Four Crowned Ones), a Mason's association opened in 1659.

In 1822, the population was close to 4,000 people and agriculture remained the main activity, even though attempts were being made to develop a rural craft industry. In 1892, the tramline arrived at Samoëns station, but the population decreased: 2,200 inhabitants in 1911. Emerging winter tourism was unable to slow down this exodus, and in 1982 the population had fallen to 2,165 Septimontains.

Samoëns has developed a winter sports resort which has good links with the surrounding skiing areas. Today, the village (2,368 inhabitants in 1999) is very adept at receiving guests and has large tourist infrastructures to offer. It is classified as a "region of art and history", a green holiday resort, which offers a wealth of possibilities for sports and leisure. And for those who might have forgotten, it is also the birthplace of Marie Louise Cognacq-Jay (1838–1925), of Cardinal Gerdil (1718-1802) and the Bishop Jean Biord, to name a few famous Septimontains

Maison de la Jaysinia

89

La vallée de l'Arve

CONTAMINES SUR ARVE

Le lycée agricole de Contamine est connu de tout le département. Il a formé maintes générations d'agriculteurs compétents !

Le château de Villy échut par achat à un certain Périllat qui avait fait fortune en gérant les Grand Magasins du Bon Marché. Il le fit reconstruire—tout comme le fut celui de Thénières à Ballaison—dans un style pseudo-médiéval plus ou moins inspiré d'un Viollet-le-Duc qui aurait été dévoyé par les studios Disney…

Plus authentique, le prieuré, fondé au XIè siècle, a servi de tombeau aux princes de la maison de Faucigny. En 1863, le prince Charles-Marie de Faucigny, marquis de Lucinges, prince de Cystria, y a vainement recherché la sépulture d'Agnès de Faucigny épouse de Pierre II de Savoie !

The agricultural school in Contamine is known throughout the département, having trained many generations of skilled farmers.

The château of Villy came into the hands of a certain Périllat, who had made his fortune managing the stores known as the "Grand Magasins du Bon Marché". He had it rebuilt — just like the château of Thénières at Ballaison — in a pseudo-medieval style more or less inspired by a Viollet-le-Duc corrupted by the Disney studios …

More authentic is the priory, founded in the 11th century, which has been used as a tomb for the princes of the house of Faucigny. In 1863, prince Charles-Marie de Faucigny, marquis of Lucinges and prince of Cystria, searched in vain here for the burial place of Agnès de Faucigny, wife of Pierre II of Savoy!

Chateau de Villy

La Roche sur Foron

Historiquement, La Roche sur Foron n'appartient pas au Faucigny, mais aux comtes de Genève, cependant c'est par La Roche qu'on y accède…

La Roche est, probablement, la plus jolie petite ville de Haute-Savoie. Dans sa partie ancienne naturellement, car dans sa périphérie, elle a subi les mêmes assauts du « pavillonnage » que partout ailleurs dans la région proche du Léman.

La position de La Roche dans le département est tout à fait centrale, ce qui explique pourquoi s'y déroule chaque année la Foire de Haute-Savoie.

Son importance commerciale était déjà patente au Moyen Age et se poursuivit au cours des siècles, pourtant La Roche a aussi une vocation d'enseignement ! Guillaume Fichet y fit ses premières études de lettres latines. Vous ignorez qui est Guillaume Fichet… Cet homme de lettre méconnu, naquit au Petit-Bornand, en 1433, publia une Rhétorique, fut ambassadeur de Louis XI et, surtout, Recteur de la Sorbonne. Il y introduisit le premier atelier de typographie français… Excusez du peu ! Quand on pense que dans certains dictionnaires du XIXè siècle « savoyard » était donné comme synonyme « d'homme grossier » ! Quelle outrecuidance, quelle prétention !

Mais revenons aux écoles rochoises. Un ensemble scolaire catholique a formé beaucoup d'enfants de Haute-Savoie, un collège public y existe aussi, mais surtout, c'est l'Ecole Nationale des Industries du Lait et des Viandes qui fait aujourd'hui la réputation de La Roche.

Comme l'école, jusqu'aux temps modernes, a été largement façonnée par l'Eglise, cette dernière occupe un espace important dans la ville, c'est le cas de l'église Saint-Jean Baptiste qui, quoique remaniée à maintes reprises, conserve un chœur et une abside du XIIe siècle. C'est aussi le cas de la Bénite-Fontaine, sanctuaire autorisée par saint François lui-même, bâtie en néo-gothique vers 1860 ; le temps passant, elle acquiert un statut d'œuvre architecturale à découvrir qu'elle n'avait sans doute pas il y a cinquante ans.

Historically, La Roche sur Foron does not belong to the Faucigny, but to the counts of Geneva. Nevertheless, it is via La Roche that we gain access to the area…

La Roche is, probably, the prettiest small town in Haute-Savoie. In its old part, of course, because the outskirts have suffered the same assaults of "suburban housing" as everywhere else in the region near Lake Geneva.

La Roche occupies a completely central position in the département, which explains why it is the venue every year for the Haute-Savoie Fair.

Its commercial importance was already obvious in the Middle Ages and continued through the centuries; however, La Roche also has a teaching vocation! It was where Guillaume Fichet completed his first studies in Latin. And who is Guillaume Fichet, I hear you ask… This little-known man of letters, born in the Petit-Bornand in 1433, published a work called Rhétorique, was an ambassador of Louis XI and, above all, Rector of the Sorbonne. It was there he introduced the first workshop for French typography… Is that all?! When you think that in some 19th century dictionaries, "Savoyard" was given as a synonym for "unrefined man"! What impertinence, what conceitedness!

But let's go back to the schools of La Roche. A Catholic school complex has educated many children in Haute-Savoie, and there is also a state school here, but it is, above all, the Ecole Nationale des Industries du Lait et des Viandes (National School for Milk and Meat Industries) to which La Roche now owes its reputation.

Because the school, until modern times, was largely fashioned by the Church, the latter occupies an important place in the town: this is the case of the church of Saint-Jean Baptiste which, although modified on many occasions, still has a choir and an apse dating from the 12th century. This is also the case of the Bénite-Fontaine, a sanctuary authorised by Saint François himself, built in neo-Gothic style around 1860; as time passes, it acquires a status as a work of architecture to be seen, which it almost certainly did not have fifty years ago.

C'est avec l'œil attentif que l'on se promènera dans la vieille ville car de nombreuses restaurations soignées mettent en valeur un riche patrimoine architectural redécouvert récemment. Le château de l'Echelle, sur le sommet de la roche - à proximité de la tour des comtes de Genève - a été l'objet de travaux remarquables pour en faire un lieu d'animations. Tout proche, un monument rappelle que la ville fut, en 1885, la première d'Europe à être éclairée à l'électricité ! Avant Paris !

You have to keep your eyes peeled as you walk around the town, because numerous careful restorations have brought to the fore a rich architectural heritage recently rediscovered. The château of l'Echelle, on the summit of the rock — near the tower of the counts of Geneva — has been the object of notable work to turn it into a venue for shows. Very close by, a monument reminds us that the town was, in 1885, the first in Europe to be lit with electricity! Before Paris!

SAINT PIERRE EN FAUCIGNY

Par la proximité géographique et par le fait historique les deux communes sont étroitement liées…

Jadis nommé Saint-Pierre de Rumilly, Saint-Pierre-en-Faucigny était placé sur une position stratégique permettant de contrôler la vallée du Borne, d'où la présence de châteaux disséminés au débouché de la vallée. Curiosité : celui de Chuet qui fait partie d'une scierie… C'est aussi à Saint-Pierre que se trouve l'accès autoroutier donnant accès à ce secteur du Faucigny.

Ici, on est carrément entré dans l'univers du décolletage ! Les entreprises, de tailles variées, mais où dominent les petites unités, sont dispersées dans les communes circonvoisines : Bonneville, Ayse… Et cela s'étend tout au long de la vallée !

Geographical proximity and historical fact link these two communes closely together…

Formerly called Saint-Pierre de Rumilly, Saint-Pierre-en-Faucigny was in a strategic position providing a good surveillance point for the Borne valley, hence the presence of a number of châteaux scattered around the mouth of the valley. A curious feature is the château of Chuet, which is part of a sawmill… Saint-Pierre is also the point where you join the motorway which gives access to this sector of the Faucigny.

Here, we are clearly in the universe of bar-cutting! Companies of all different sizes, but predominantly small ones, are distributed around the neighbouring communes: Bonneville, Ayse… And it extends all the way along the valley!

Nichée au sud du Môle qui l'abrite des vents du Nord, Bonneville est l'ancienne capitale du Faucigny.

Le pont de Bonneville, avec ses 120 mètres franchissant l'Arve est, toutes proportions gardées, aussi spectaculaire que celui du Mont Blanc à Genève et le point de vue qu'il permet est aussi intéressant. À l'une de ses extrémités, la colonne à Charles-Félix célèbre le dernier des monarques de la dynastie de Savoie. Charles-Albert, de la branche cadette des Savoie-Carignan lui succéda. Charles-Félix, inspiré par les écrits du très réactionnaire Joseph de Maistre, rétablit sur le royaume de Piémont-Sardaigne—dont fait partie la Savoie—un pouvoir autoritaire, contre-révolutionnaire, dès son arrivée sur le trône en 1821 : en mai de la même année meurt Napoléon et la main de fer des monarchies s'appesantit à nouveau sur l'Europe ! Concédons tout de même une chose à Charles-Félix, c'est qu'il fut à l'origine des digues qui protègent la ville des crues de l'Arve…

C'est à Bonneville, il faut le souligner, ceci expliquant peut-être cela, que paraît Le Faucigny un journal fort irrévérencieux avec les notables et les politiques, une sorte de « canard enchaîné » du cru, fort apprécié par certains, beaucoup moins par d'autres… Les gens du pays ont l'esprit caustique et frondeur !

Pour l'édification des plus jeunes, un musée de la Résistance propose, en plus de son sujet, des expositions sur le fascisme et un mémorial sur la déportation.

Nestling to the south of the Môle, which shelters it from the North winds, Bonneville is the former capital of the Faucigny.

The 120-metre long Bonneville bridge crossing the Arve is, relatively speaking, just as spectacular as the Mont Blanc bridge in Geneva, and the viewpoint it offers is just as interesting. At one end of the bridge, the column to Charles-Félix celebrates the last of the monarchs in the Savoy dynasty. Charles-Albert, from the younger branch of the Savoie-Carignan succeeded him. Charles-Félix, inspired by the writings of the very reactionary Joseph de Maistre, re-established in the kingdom of Piémont-Sardaigne - of which Savoy is a part - authoritarian and counter-revolutionary power, as soon as he arrived on the throne in 1821: in May of the same year Napoleon died, and the iron fist of the monarchies once again grew stronger in Europe! However, let's give Charles-Félix his due in one aspect: he was responsible for creating the dykes which protect the town from the rising waters of the Arve...

Bonneville, it should be emphasised, and perhaps one thing explains the other, is home to a publication called Le Faucigny, a newspaper which is highly irreverent with notables and politicians, a kind of local "Canard Enchaîné", very popular with some people, and much less so with others... The people from the region have a caustic and rebellious spirit!

For the enlightenment of younger people, there is a Résistance museum which offers, in addition to its subject, exhibitions on fascism and a memorial to deportation.

AYZE

Á la limite climatique de la culture de la vigne, le Gringet, un cépage venu de Chypre, donne sur le territoire d'Ayse, un pétillant plein d'originalité, un peu rugueux, comme sait l'être le climat. Il mérite d'être dégusté, à l'apéritif particulièrement, mais avec modération, surtout si l'on doit conduire ensuite. Quelques viticulteurs, dans cette zone d'AOC, continuent opiniâtrement sa production, assurant ainsi la pérennisation d'une culture qui remonterait aux Burgondes—mais on leur a attribué tant de choses !

At the limit of vine-growing dictated by the climate, in the territory of Ayse, the Gringet, a variety originally from Cyprus, gives a sparkling wine full of originality and a little rough, as the climate itself can be. It is worth tasting, particularly as an aperitif, but in moderation, especially if you have to drive afterwards. A few wine-growers in this AOC area continue stubbornly with their production, thereby ensuring the continuation of a culture which supposedly dates back to the Burgundians — yet another thing we can attribute to them!

MARIGNIER

Le vignoble se poursuit jusqu'à Marignier dont le nom viendrait peut-être d'un lieu de passage sur le Giffre par gué ou avec un passeur. En tout cas, aujourd'hui, c'est un joli pont qui permet de le franchir !

L'ancienne église de Marignier, de style néo-classique, menaçant de s'écrouler, l'actuelle a été construite en 1956 par Maurice Novarina, un architecte novateur thononais à qui l'on doit aussi l'église d'Assy. Toutefois l'ancien clocher, avec son bulbe du XVIIIè siècle, a été conservé, juxtaposant ainsi la tradition et la modernité.

Le sommet du Môle, qui sous certains angles rappelle le Fuji-Yama, est à portée de semelles ou de roues de V.T.T., il suffit de suivre les sentiers à partir du hameau d'Ossat. Et, si l'on est insuffisamment ingambe, une route revêtue conduit à un parking situé à près de 1300 mètres d'altitude : de quoi déjà profiter d'un paysage incomparable !

Le vieux pont

Vines continue as far as Marignier, whose name might come from a passing point on the Giffre, either via a ford or with a boatman. Whatever the case, today there is a pretty bridge crossing the river!

As the former church of Marignier, in neo-Classical style, was in danger of collapse, the current one was built in 1956 by Maurice Novarina, an innovative architect from Thónes, to whom we also owe the church at Assy. The old tower, with its 18th century onion-shaped dome, has been preserved, thereby juxtaposing tradition and modernity.

The peak of the Môle, which from certain angles is reminiscent of the Fuji Yama, can be reached on foot or mountain bike: all you have to do is follow the paths from the hamlet of Ossat. If, however, you are not sufficiently nimble, a metalled road leads to a car park at an altitude of around 1300 metres: a good spot to take in the views of an incomparable landscape!

La conurbation de Cluses : THYEZ, MARNAZ, SCIONZIER...

Depuis Marignier, on entre dans la conurbation de Cluses qui s'enroule à l'ouest de la ville, dans la seule direction possible, la cluse barrant toutes velléités d'expansion vers l'Est.

Les zones industrielles et artisanales se succèdent, l'urbanisation galopante assurant la création de logements indispensables pour un tel dynamisme économique. La traditionnelle mécanique de précision a su s'adapter à la modernité (c'était cela ou mourir !) ce qui se perçoit de l'extérieur, très visiblement, notamment dans les constructions.

Proches de Thyez, deux petits lacs ont été creusés par la société du Paris-Lyon-Méditerranée (oui, oui, le PLM !) qui avait besoin de matériaux pour la voie ferrée parcourant la vallée ; les ingénieurs n'avaient certainement pas imaginé qu'ils serviraient un jour à des activités sportives !

De son côté, Marnaz, au pied de la chaîne du Bargy, s'est offert sa petite pyramide de verre, finalement aussi bienvenue ici, si ce n'est mieux, que dans la cour du Louvres... La cité possède aussi son église néo-classique, et nombre d'entreprises !

From Marignier, we enter the Cluses conurbation which coils around the west of the town in the only direction possible, with the transverse valley, or cluse, barring any attempt at expansion towards the east.

The industrial and craft industry areas follow on from each other, with rampant urbanisation ensuring the creation of housing which is essential for such economic dynamism. The traditional precision mechanics industry has adapted to the modern world (either that or die!), which can be seen from the outside, very clearly, particularly in the constructions.

Near Thyez, two small lakes have been dug out by the Paris- Lyon-Méditerranée company (that's right, the PLM!), which needed material to make the railway running along the valley; the engineers almost certainly did not imagine that one day they would be used for sporting activities!

Meanwhile, Marnaz, at the foot of the Bargy chain, has its own small glass pyramid, finally just as welcome here, if not more so, than in the Louvre courtyard... The town also has a neo-Classical church, and numerous companies.

Quant à Scionzier, elle rassemble 400 entreprises employant 3000 salariés, le tout réparti sur trois zones industrielles !

Une entreprise est tout à fait exemplaire dans le secteur, c'est SOMFY, leader mondial dans le secteur des moteurs et automatismes des ouvertures du bâtiment, elle emploie 3500 personnes ! Elle est notamment extrêmement performante dans la fabrication des moteurs électriques tubulaires, utilisés pour les stores.

Scionzier, for its part, has 400 companies employing 3000 workers, all shared out over three industrial areas!

One company is exemplary in the sector: SOMFY, the world leader in the sector manufacturing motors and controls for building closures, employs 3500 people. One of its best performing areas is the manufacture of tubular electric motors, used for blinds.

CLUSES

Musée de Cluses

You might be surprised by the very unusual orthogonal layout of the oldest part of the town. This layout is because the town was entirely destroyed by fire in 1844 and rebuilt in a "modern" style. As a result, the streets form an open-air checkerboard in "sarde" style, as they often say, and it is very pleasant to take a stroll around them before visiting the church, which was saved from the fire.

Before the invention of quartz watches, Cluses was home to a prestigious school of watchmaking founded in 1848, which closed down in 1989. Today, a Maison des techniques de l'horlogerie et du décolletage (House of watchmaking and bar-cutting techniques) provides the link between the watchmaking past and the industrial present. By a twist of fate, time has caught up with those who built the things with which to measure it; as far as the satellites in the GPS network, which make obsolete the beautiful seafaring chronometers which were once indispensable for calculating longitude! Nevertheless, the stubbornness of the valley's inhabitants has saved them from disaster through a successful reconversion: no modern industry can do without bar-cutting. In addition, they have perfectly negotiated the turn towards mechatronics!

On peut être étonné par le très inhabituel plan orthogonal de la partie la plus ancienne de la ville. C'est qu'elle fut entièrement détruite par un incendie en 1844 et reconstruite de manière « moderne ». Du coup on circule dans les rues formant un damier aéré de style « sarde », comme on le dit parfois, et c'est bien plaisant d'y déambuler avant d'aller visiter l'église qui, elle, avait été préservée du feu !

Avant l'invention des montres à quartz, Cluses hébergeait une prestigieuse école d'horlogerie fondée en 1848 et qui ferma en 1989. Aujourd'hui, une Maison des techniques de l'horlogerie et du décolletage fait le lien entre le passé horloger et le présent industriel. Étrange destin ! Le temps a rattrapé ceux qui construisaient de quoi le mesurer ; jusqu'aux satellites du réseau GPS qui rendent obsolètes les précieux chronomètres de marines pourtant indispensables pour calculer la longitude ! Toutefois, l'opiniâtreté des habitants de la vallée leur a évité le désastre par une reconversion réussie : aucune industrie moderne ne peut se passer du décolletage. Ils ont en plus parfaitement négocié le virage de la mécatronique !

MAGLAND

L'Arve, la route nationale, la voie ferrée et l'autoroute cohabitent dans l'espace restreint de la cluse qui conduit à Magland. Les habitants, bien que vivants dans un espace étroit, avaient au contraire l'esprit ouvert : ils s'exilaient volontiers vers l'Allemagne et la Suisse y fondant d'importantes maisons de commerce.

Dans la gastronomie de Haute-Savoie, il faut citer les saucissons de Magland, appréciés au même titre que les longeôles du Chablais !

Avant de retourner en arrière pour prendre la route d'Arâches, des Carroz et de Flaine, on poussera en direction de Sallanches, pour aller voir la cascade de l'Arpenaz, qui bondit d'un rocher de 270 m et qui est superbe après de fortes pluies.

The Arve, the main road, the railway and the motorway coexist in the restricted space of the transverse valley, or cluse, which leads to Magland. The inhabitants, although they live in a tight space, have always had an open mind: they took voluntary exile in Germany and Switzerland, starting up large commercial firms.

In the gastronomy of Haute-Savoie, special mention should go to the sausages of Magland, which are as highly prized as longeôle sausages from the Chablais!

Before going back to take the road to Arâches, les Carroz and Flaine, we can push on towards Sallanches to see the Arpenaz waterfall, which cascades from rocks 270m high and is a superb sight after heavy rains.

Arâches
et les Carroz

La commune d'Arâches gère les Carroz et, conjointement avec Magland, la station de Flaine. Ce village savoyard authentique, propose une station familiale, mais dans un ensemble plus vaste, le Grand Massif qui met en relation les stations de Sixt Fer à Cheval, Samoëns, Morillon, Flaine et Passy. Chaque année, depuis 12 ans, se déroulent aux Carroz, des Montgolfiades qui attirent nombre d'aéronautes et l'on peut même s'inscrire pour découvrir le plaisir de survoler les pistes blanches transporté par des ballons multicolores que Joseph et Etienne (Montgolfier !) n'auraient même pas osé rêver.

La chapelle d'Arâches

The commune of Arâches manages les Carroz and, jointly with Magland, the resort of Flaine. This authentic Savoyard village offers a family resort, but as part of a much greater whole, the Grand Massif, which brings together the resorts of Sixt Fer à Cheval, Samoëns, Morillon, Flaine and Passy. Every year, the Carroz are the venue for the Montgolfiades, and have been for 12 years now: these attract a number of aeronauts, and even offer the chance to experience the pleasure of overflying the white slopes, transported by multi-coloured balloons which Joseph and Etienne (Montgolfier!) could not have imagined in their wildest dreams.

FLAINE
l'Art à la montagne

Créée de toutes pièces par l'architecte Marcel Breuer, Flaine s'enorgueillit d'exposer des œuvres de tous les grands artistes contemporains, tels que Victor Vasarely ou Jean Dubuffet… La station elle-même est une œuvre d'art, mais là, comme à Avoriaz, les goûts de chacun déterminent le plaisir qu'on en tire ! C'est une station, « intégrée » dans le paysage, qui donne accès au Grand Massif. Mais elle donne aussi accès au fabuleux Désert de Platé à 2500 m, paysage lunaire, constitué de dalles, d'où le massif du Mont-Blanc apparaît proche, comme si l'on y était !

Created from start to finish by the architect Marcel Breuer, Flaine is proud to be the exhibitor of works by all the great contemporary artists, such as Victor Vasarely and Jean Dubuffet… The resort itself is a work of art but, as with Avoriaz, individual tastes determine the pleasure to be drawn from it! It is a resort "integrated" into the countryside, which gives access to the Grand Massif. But it also provides access to the fabulous Désert de Platé at 2500m, a lunar landscape formed of slabs, from where the Mont Blanc massif appears so close, it almost feels as though you were there!

Le village Canadien

Détails du châlet traditionel savoyard.

BORNES ET ARAVIS

Au départ d'Annecy la route monte en pente douce par le col de Bluffy (800 mètres) pour redescendre quelque peu dans la moyenne vallée du Fier. Au passage, une petite halte, ou à tout le moins un regard, s'impose à la nécropole militaire nationale des Glières, au lieu-dit Morette. Il y a 105 maquisards morts pour la France et les libertés. Le symbole est fort, car vous entrez ici dans un massif où la Résistance armée, ou non, fut très active. Un musée installé dans un chalet de 1794 rappelle cette tragique histoire.

When it leaves Annecy, the road climbs up gently through the Bluffy pass (800 metres) before dropping down a little into the medium-sized valley of the Fier. On the way, it is essential to take a brief stop, or at least a glance, at the national military necropolis of les Glières, at Morette. There are 105 resistance fighters who died for France and its freedoms. It is a powerful symbol, because here you are entering a massif where the Resistance, armed or not, was very active. A museum set up in a chalet dating from 1794 recalls this tragic story.

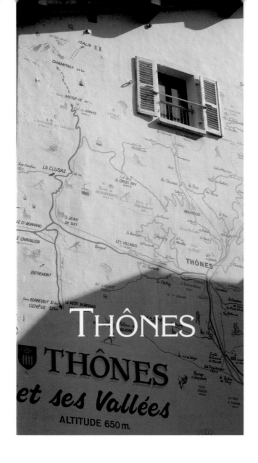

« Thônes, carrefour des vallées » dit la publicité, sous la fleur de cyclamen emblème du pays. Ce bourg né d'un site de pont et de la confluence de deux cours d'eau : le Fier et le Nom (forme française de nant mot signifiant ruisseau en patois), confluence qui entraîna un carrefour routier, utilisé depuis fort longtemps.

Son histoire étant très riche et très longue, nous ne donnerons ici que quelques faits marquants.

Les magnifiques arcades, qui datent de 1453, furent construites après qu'un vaste incendie détruisit une partie de la ville. Au XVIIè siècle on reconstruit l'église, dédiée à Saint-Maurice, saint patron de la Savoie millénaire. A l'intérieur on peut découvrir un des plus beaux retables de Haute-Savoie réalisé par Pierre Jacquetti de Mecugnana.

En 1761, l'ouverture d'un collège tenu par des religieux permet aux garçons de la vallée d'être scolarisés au-delà de la communale et notons que le canton ne compte que 2% d'analphabètes à la fin du XIXè siècle.

De tous temps les Thônains sont gens résistants, voire un peu rebelles. En 1793 Thônes, en guerre contre le Gouvernement révolutionnaire qui fait fi du catholicisme et impose une conscription militaire, se révolte. Le 4 mai 1793, sous l'impulsion de Marguerite Frichel et d'autres, les villageois s'arment comme ils peuvent pour faire face aux troupes et protéger les prêtres réfractaires. Mais les Français l'emportent et le conventionnel Albitte fait raser le clocher. En 1848, on reconstruit un magnifique clocher à bulbe, typique de l'art baroque.

Thônes est la patrie de Joseph Avet (1811-1871) qui ayant fait fortune au nouveau monde, à la Nouvelle Orléans notamment, laisse 400 000 francs à ses concitoyens pour qu'ils en usent à diverses bonnes œuvres, comme la création d'un hôpital.

Au XIXè siècle, Thônes devient un petit centre industriel : micromécanique horlogère, filature de coton, tanneries, fabrique d'allumettes, de chapeaux, sans pour autant abandonner la fonction commerciale (marchés et foires - celle de la saint Maurice est célèbre), l'exploitation forestière et l'agriculture traditionnelle. Cette dernière, fait de Thônes et pour toujours si l'on croit la volonté des Thônains et de leur maire Jean Bernard Chalamel, la capitale mondiale du reblochon.

"Thônes, crossroads of the valleys" goes the advertising slogan, under the cyclamen flower which is the emblem of the region. This town was born around the site of a bridge and the confluence of two water courses: the Fier and the Nom (the French form of "nant", which means "stream" in patois), a confluence which led to the creation of a road crossroads, some considerable time ago.

It has a very rich and very long history, so we will just give a few salient points here.

The magnificent arcades, which date from 1453, were built after a great fire destroyed a part of the town. In the 17th century the church was rebuilt: the building is dedicated to Saint-Maurice, patron saint of ancient Savoy. Inside is one of the most beautiful altarpieces in Haute-Savoie, a work by Pierre Jacquetti de Mecugnana.

In 1761, the opening of a school run by monks allowed the boys of the valley to receive schooling beyond what was offered in the commune, and it is worth pointing out that the canton had only 2% illiteracy at the end of the 19th century.

The people of Thône have always been tough, and even a little rebellious. In 1793 Thônes, at war against the revolutionary Government which flouted Catholicism and imposed military conscription, revolted. On 4th May 1793, under the impulse of Marguerite Frichel and others, the villagers armed themselves as they could to confront the troops and protect non-juror priests. But the French won the day and the member of the Convention Albitte had the church tower razed to the ground. In 1848, a magnificent church tower with an onion-shaped dome was rebuilt, typical of baroque art.

Thônes is the birthplace of Joseph Avet (1811-1871) who made his fortune in the New World, particularly in New Orleans, and left 400,000 francs to his fellow citizens to be used for various good works, such as the creation of a hospital.

En 1898, le tramway, qui arrive d'Annecy quatre fois par jour, déverse ses premiers passagers, ouvrant ainsi la vallée aux touristes. On crée un syndicat d'initiative en 1906 et l'on ouvre plusieurs hôtels. Même si la ligne est fermée en 1930, l'impulsion touristique a été donnée et poursuivra sur sa lancée jusqu'à nos jours.

La résistance des Thônains s'affiche de nouveau en 1944. Les maquisards vivent au pays, soutenus par une population quasi unanime et cela est vrai pour tout le Massif des Bornes Aravis. Malheureusement la Milice et les Allemands ne l'entendent pas de cette oreille et les actes de violence sont nombreux : village de Thuy incendié, maquisards et civils fusillés (certains reposent aujourd'hui dans la nécropole militaire de Morette en aval du bourg), bombardement en août 1944... Le général de Gaulle rend visite, en novembre 1944, aux Thônains – et la ville reçoit la Médaille de la Résistance. Au lendemain de la guerre, ceux que certains ont surnommés « les Savattes » ou « les Anglais », ne sont que 2 735.

Aujourd'hui Thônes est un gros bourg de plus de 5 000 âmes où certains continuent les travaux agricoles, d'autres travaillent dans le tourisme (5 hôtels et 3 campings) et

les activités tertiaires, tandis qu'ils sont nombreux à fréquenter la zone industrielle des Perrasses et les entreprises de la région. Parmi elles, Mobalpa, créée par les frères Fournier en 1909, a une renommé mondiale et vend ses meubles de cuisines ou de salles de bains intégrés jusqu'à Singapour L'industrie agro alimentaire autour du reblochon reste très florissante, avec plus de 1,5 millions de kilos de lait traité par an par la Coopérative des producteurs de la Vallée de Thônes. On travaille aussi les vêtements (Haase), et la filière bois n'est pas en reste.

Thônes, commune où la vie associative culturelle et sportive est très animée, peut s'enorgueillir de posséder un musée, un écomusée, une piscine, un cinéma et d'autres infrastructures de loisirs, comme une via ferrata.

In the 19th century, Thônes became a small industrial centre: watch-making micromechanics, cotton spinning, tanneries, matches and hat manufacture, without however giving up its trading activity (markets and fairs – the Saint Maurice fair is famous), forestry and traditional agriculture. The last of these makes Thônes, and will continue to make it for ever, if you believe in the will of the Thônains and their mayor Jean Bernard Chalamel, the world capital of reblochon cheese.

In 1898, the tram service, which arrived from Annecy four times a day, brought its first passengers, thus opening the valley up to tourists. A tourist information office was created in 1906 and several hotels were opened. Although the tramline closed in 1930, the impetus had been given to tourism and has continued until the present day.

The resistance of the Thônains surfaced again in 1944. The Maquis resistance fighters lived in the region, supported almost unanimously by the population, and this was true for the whole Bornes Aravis massif. Unfortunately, the Milice and the Germans did not think like this and acts of violence were numerous: the village of Thuy burnt down, maquisards (members of the french resistance) and civilians shot (some of them lie today in the military necropolis of Morette, downstream of the village), bombardment in August 1944... General de Gaulle

visited the Thônains in November 1944, and the town received the Resistance Medal. After the war, the people whom some have nicknamed "les Savattes" or "les Anglais", numbered only 2,735.

Today Thônes is a large village with a population of more than 5,000, where some continue to live from agriculture, others work in tourism (5 hotels and 3 campsites) and service activities, while numerous others travel to the industrial areas of Les Perrasses and the businesses in the region. One of these, Mobalpa, created by the Fournier brothers in 1909, is renowned the world over and sells its kitchen furniture and fitted bathrooms as far afield as Singapore. The food industry around reblochon cheese continues to be a very flourishing business, with more than 1.5 million kilos of milk treated annually by the Thônes Vallée production Cooperative. People also work in clothing (Haase), and we should not forget the timber industry.

Thônes, a commune with a very lively selection of cultural and sporting associations, is proud to boast a museum, an eco-museum, swimming pool, cinema and other leisure infrastructures, including a via ferrata.

MANIGOD

Au départ de Thônes, il faut emprunter la route des Clefs où l'on peut admirer un « pont romain ». La route s'élève régulièrement sur le versant de l'adret. Ici, on appelle « l'endroit », le versant qui regarde au soleil, tandis que le versant de « l'envers » (ubac) est celui orienté au nord, domaine de la forêt, des alpages et parfois des remontées mécaniques. Dans l'ancien temps, il valait mieux être propriétaire à « l'endroit », les terres ensoleillées permettaient les cultures et les alpages montaient très haut et posséder quelques hectares à « l'envers » histoire de faire son bois et de pouvoir « remuer ».

Les « remues » consistent au déplacement du troupeau avec les saisons. En hiver, « les bêtes » (ici on ne dit jamais ou presque les vaches, qui toutes ont prénom), mangent le foin engrangé dans la ferme du village. Puis avec juin, on monte par étape les bêtes à l'alpage jusque 1600 mètres environ. Un paysan possède une ou deux « montagnes ». Pendant que les vaches broutent en altitude, le paysan « fait les foins » en juin et coupe le regain en septembre, avant que les bêtes ne redescendent au village, à nouveau par étape, si possible.

Aujourd'hui, les Manigodins riches sont ceux qui avaient moult terres à l'ombre et qui y ont aménagé des pistes de skis. Comme me disait un ami du pays « Nous, on fait notre fromage l'été avec les vaches et notre beurre l'hiver avec les Parisiens ». N'empêche que les « Pauvres paresseux », surnommés ainsi probablement par leurs voisins jaloux, sont de moins en moins nombreux au pays où la vie est rude, la neige abondante et les hivers longs.

En 1906, lorsque le gouvernement français fait faire l'inventaire des biens d'Eglise, dans le cadre de la loi de séparation de l'Eglise et de l'Etat, qui fut mal accueillie dans le tout le pays thônain, c'est sous la protection de la troupe montée d'Annecy. On vous dit que les gens sont ici résistants ! 1943-1944, ils accueillent bon nombre de réfractaires dans les chalets d'alpage, à la Cola par exemple, et soutiennent activement les maquisards.

À part les activités liées à l'élevage laitier, il y a peu d'activité par ici et les jeunes quittent le pays (508 habitants en 1975). Mais, grâce aux sports d'hiver, développés au col de la Croix Fry et sur le domaine de Merdassier, la commune connaît un nouvel essor et l'exode rural est stoppé. Le tourisme se développe doucement, y compris en été. Enfin, Manigod reste la patrie de Marc Veyrat-Durebex, célèbre Chef cuisinier aux multiples talents et étoiles que lui ont conféré les herbes de nos alpages.

When leaving Thônes, you have to take the Clefs road, where you can admire a Roman bridge. The road climbs steadily up the south-facing slope. Here, they call the slopes which face the sun "l'endroit" ("this side"), and the north-facing slope l'envers ("the other side"), an area of forest, high mountain pastures and occasional ski-lifts. In olden times, it was better to be a landowner on l'endroit, because the sun allowed crops to grow and the mountain pastures were very high; owning a few hectares on l'envers meant that you cut your wood and moved your herd around.

These movements of cattle, or remues, consist of moving the herd according to the seasons. In winter, "the animals" (here we never, or almost never, refer to them as cows, which all have names), eat the hay stored in barns on the village farm. Then, when June comes, the animals are moved up in stages to the mountain pastures, to an altitude of around 1600 metres. A peasant farmer owns one or two "mountains". While the cows graze at altitude, the peasant farmer "makes hay" in June and cuts the second crop in September, before the animals come back down to the village, in stages if possible.

Today, the rich Manigodins are those who had plenty of land in the shade and who have turned them into ski runs. As a friend from the area said to me: "We make our cheese in the summer with the cows, and in the winter we make our butter with the Parisians". All the same, the "Poor lazy folk", a nickname probably given to them by their jealous neighbours, are less and less numerous in a region where life is tough, the snow plentiful and the winters long.

In 1906, when the French government performed an inventory of Church assets, as part of the law on separation of the Church and State, which was badly received throughout the Thônes region, it had to do so with the protection of the Annecy mounted troop. They tell you that people here are tough! In 1943-1944, they gave shelter to a good number of réfractaires (people who refused to cooperate with the German war effort) in the mountain chalets, in la Cola for example, and actively supported the resistance fighters of the Maquis.

Apart from the activities linked to dairy farming, there is little economic activity here and young people are leaving the area (508 inhabitants in 1975). But, thanks to winter sports, developed on the col de la Croix Fry and the domain of Merdassier, the commune has witnessed a new boom, and the rural exodus has halted. Tourism is developing steadily, including in the summer. As a final note, Manigod is the native village of Marc Veyrat-Durebex, the famous, multi-talented chef who has earned his stars thanks to the herbs from our mountain pastures.

LA CLUSAZ

After climbing above Manigod, to the col de la Croix-Fry (1467 metres), the road drops down again to the village of La Clusaz (1040 metres). This is a surprising site, because a village came into being here at the foot of the passes: the col de la Croix-Fry of course, but primarily the col des Aravis (1486 metres). It is also the site of a bridge over the Nom (nant) and an entrance point to the cluse (a valley or pass) or gorges to the north. Situated at the foot of a huge basin on the slopes of the Aravis, for a very long time now the only activity which has taken place in La Clusaz is dairy farming.

Its first name "La Cluse-lieu-Dieu" shows the vital role played by the abbey of Talloires throughout the Middle Ages. Les Cluses, the inhabitants of the village, have several nicknames which paint them in a fairly favourable light. I say that as someone whose grandmother was a native of the village. "Lou Glorieu" are also often called "lou Politico", because they love to talk politics. Some less well intentioned people have christened them "Lou Chaves", an allusion to the altitude at which the craves, or crows, nest.

In the middle of the 16th century, there were 1130 Cluses recorded as eking a living from mixed farming and cattle rearing and, here as in the rest of the massif, the young people emigrate. At the start of the 17th century, Saint-François de Sales visited the village, aware that its inhabitants were fervent Catholics. The snow lasted long into spring and the inhabitants, still unable to make their way to the village church, multiplied the number of chapels to be found in the hamlets, each one "cuter" than the next. While the paths are marked out with very attractive crucifixes, mission crosses "grow" on the mountains. This is the land of God and the Cluses issued a reminder to anyone forgetting this by successfully rebuilding their church themselves. The brothers and sisters of Saint-Joseph have dispensed very effective teaching here for a very long time, which perhaps explains why there is no state school in the village.

Parvenu au-dessus de Manigod, au col de la Croix-Fry (1467 mètres), la route redescend sur le bourg de La Clusaz (1040 mètres). Ce site est surprenant, car c'est un village de pied de cols qui est né ici : col de la Croix-Fry certes, mais surtout col des Aravis (1486 mètres). C'est aussi un site de pont sur le Nom (nant) et d'entrée de cluse ou de gorges vers le nord. Situé au pied d'un immense bassin versant des Aravis, La Clusaz a connu pendant très longtemps comme seule activité l'élevage laitier.

Son premier nom « La Cluse-lieu-Dieu » montre le rôle capital que joua l'abbaye de Talloires tout au long du Moyen-âge. Les Cluses ont plusieurs surnoms qui au fond les dépeignent assez bien. Je dis cela sous le couvert de ma grand-mère native du bourg. « Lou Glorieu » sont parfois appelés aussi « lou Politico », car ils aiment parler politique. Certaines personnes moins bien intentionnées les ont baptisés « Lou Chaves », allusion à l'altitude où nichent les craves, c'est-à-dire les corbeaux.

Au milieu du XVIè siècle, on recense 1130 Cluses vivant difficilement de la polyculture et de l'élevage et, ici comme dans tout le massif, les jeunes émigrent. Au début du XVIIè siècle, Saint-François de Sales rend visite aux Cluses, qu'il sait fervents catholiques. La neige persiste longtemps au printemps et les habitants, ne pouvant pas toujours se rendre à l'église du bourg, ont multiplié dans les hameaux les chapelles toutes plus « mignonnes » les unes que les autres. Si les chemins sont jalonnés de très beaux calvaires, les croix de mission « poussent » sur les montagnes. Nous sommes ici au pays de Dieu et les Cluses le rappellent à ceux qui l'auraient oublié en rebâtissant, de belle manière, eux-mêmes leur église. Les frères et les sœurs de Saint-Joseph dispensent ici un enseignement efficace depuis très longtemps ce qui explique, peut-être, qu'il n'y est pas d'école publique dans le bourg.

La vocation touristique de La Clusaz s'affirme très tôt et l'amélioration des routes alpines et notamment du col des Aravis, ainsi que l'arrivée du tramway à Thônes, prolongé par les cars de l'entreprise Crolard, ne font qu'amplifier le phénomène. On accueille ici plus de 5 000 estivants en 1914. Un « télétraîneau » est construit en 1940, puis un tremplin de ski, un téléski et les skieurs commencent à affluer aux Crêts du Loup ou du Merle.

Après la guerre, l'essor touristique emporte La Clusaz. Le village encore rural, avec un moulin, des lavoirs, une foire aux bestiaux, des troupeaux qui « remuent », des juments tirant le bois… que j'ai connu dans ma prime jeunesse, a laissé la place à une rutilante station de sports d'hiver mondialement connue. L'or blanc a fait son œuvre. L'immense domaine skiable, des Confins à Beauregard en passant par Balme, l'Aiguille, les Crêts, les Joux ou les Laquais, offrent des centaines de kilomètres de piste aux milliers de touristes. Les opérations immobilières ont grignoté la montagne, tant à « l'endroit » qu'à « l'envers », et on recense une trentaine d'hôtels et une importante capacité d'accueil.

Avec la patinoire, le cinéma et l'altisurface de l'Etale, on développe les infrastructures estivales : piscine, camping, gîtes d'étapes, golf, centre équestre…

Aujourd'hui, derrière Roger Côte, le maire, plus de 2 000 Cluses sont farouchement tournés vers le tourisme. Mais on n'en oublie pas pour autant les « Abondance » et leurs « snailles » charme et tradition, mais aussi attrait touristique de l'été alpestre.

La Clusaz reste la patrie du champion olympique Guy Perillat mais aussi du navigateur au long cours Philippe Monnet.

… ou en canoë, l'été.

The tourist vocation of La Clusaz became evident very early on and the improvement of Alpine roads and particularly the col des Aravis, together with the arrival of trams in Thônes, extended by buses owned by the Crolard company, served only to expand the phenomenon. In 1914 there were already 5000 summer visitors here. A kind of "ski-tow" was built in 1940, then a ski jump and a ski lift, and skiers began to make their way in greater numbers to the Crêts du Loup or the Crêts du Merle.

After the war, the expansion of tourism took hold of La Clusaz. The still rural village, with its mill, wash houses, cattle fair, herds on the move and mares pulling wood, with which I was familiar in my early childhood, has given way to a gleaming winter sports resort which is known all over the world. The white gold has done its job. The huge area available for skiing, from Confins to Beauregard via Balme, l'Aiguille, les Crêts, les Joux and les Laquais, offers hundreds of kilometres of ski runs to thousands of tourists. Real estate operations have nibbled away at the mountain, both on "this side" and on the "other side", and one can now find some thirty hotels and a considerable capacity for guests.

With the skating rink, the cinema and the mountain landing strip of l'Etale, there is development of the summer infrastructures: swimming pool, campsite, lodges, golf course, horse riding centre, etc.

Today, behind the mayor Roger Côte, more than 2000 Cluses have proudly embraced tourism. They have not forgotten their "Abondance" and their charm and tradition typified by the cow-bells, but have also become a tourist attraction for the Alpine summer.

La Clusaz remains the homeland of Olympic champion Guy Perillat and also of the long distance sailor Philippe Monnet.

Petite balade en chenillette, l'hiver…

Saint Jean de Sixt

Ce petit bourg doit son existence au carrefour routier qui mène au sud vers le col des Aravis via La Clusaz, vers le nord-est au col de la Colombière via Le Grand-Bornand, vers le nord à la vallée de l'Arve via Entremont et le Petit-Bornand et vers l'ouest à Annecy via Thônes. Edifié sur la fausse confluence du Borne et du Nom, il perche à 963 mètres d'altitude, au cœur des Bornes, terroir herbeux et forestier qui a décidé des deux principales activités : l'élevage laitier avec un peu de polyculture et l'exploitation forestière.

Mais parlons plutôt du grand homme de la commune qui gagne à être mieux connu. Le 13 avril 1506 naît Pierre Favre. Théologien devenu jésuite, côtoyant Ignace de Loyola, il est envoyé par le pape Paul III au concile de Trente. Ardent défenseur du catholicisme, tout en étant un homme de dialogue, il lutte toute sa vie contre le protestantisme et meurt à Rome en 1546. Il est béatifié en 1872.

This little village owes its existence to the crossroads which leads southwards to the col des Aravis via La Clusaz, to the northeast to the col de la Colombière via Le Grand-Bornand, to the north to the Arve valley via Entremont and the Petit-Bornand, and to the west to Annecy via Thônes. Built on the false confluence of the Borne and the Nom, it perches at an altitude of 963 metres, at the heart of the Bornes, a land of grass and forests which has determined the two main economic activities: dairy farming with a little mixed farming and forestry.

But let's turn our attention to the commune's principal figure, a man who deserves to be better known. On 13th April 1506, Pierre Favre was born. A theologian who became a Jesuit, rubbing shoulders with Ignatius de Loyola, he was sent by Pope Paul III to the Council of Trent. An ardent defender of Catholicism, while at the same time a man of dialogue, he fought all his life against Protestantism and died in Rome in 1546. He was beatified in 1872.

On compte 642 Saint-Jeandins en 1848, que d'aucuns ont surnommé « les Avocats », ou « les Farauds », ou bien encore « les Muscadins ». Mais le surnom qu'ils préfèrent, je pense, est celui de « Philosophes ». Et philosophes, ils le sont lorsqu'au XIXè siècle la rectification de la route nationale entraîne le déplacement du village. Ils quittent alors le Crêt de Saint-Jean pour s'installer au carrefour actuel. Charles Ruphy construit la nouvelle église. Et tout cela sans cesser la taille des meules, activité encore florissante et les activités agricoles vitales. Malgré tout, la vie est rude et l'exode emporte les jeunes vers la ville : 507 habitants en 1936, malgré la présence d'une école primaire publique, unique en son genre dans le secteur.

Après la guerre, on joue ici la carte de l'air pur et de la montagne, on accueille des colonies de vacances, des centres de repos (comme celui du docteur Chappuis)… mais bien souvent les touristes ne font que passer vers « La Cluse » ou « Le Grand-Bo ». On lance alors des programmes immobiliers aux prix plus attractifs que dans les deux stations voisines et la population redémarre doucement. 696 habitants en 1982 et près de mille, aujourd'hui.

L'avenir de la commune est lié au développement du tourisme rural, voire climatique et aux possibilités de logements « relais » qu'elle offrira par rapport aux deux stations voisines.

In 1848 there were 642 Saint-Jeandins, whom some have nicknamed "les Avocats" (lawyers), or "les Farauds" (braggarts), or even "les Muscadins" (fops). But the nickname they prefer, I think, is "Philosophes". And they were certainly philosophical when, in the 19th century, the straightening of the national road meant that the village had to be moved. So they left the Crêt de Saint-Jean to take up residence at the current crossroads. Charles Ruphy built the new church. And all the while they continued to hew millstones, a still flourishing activity, and pursued the agricultural activities which provided their living. In spite of everything, life was tough, and the village saw an exodus of young people to the city: 507 inhabitants in 1936, despite the presence of a state primary school, the only one of its kind in the sector.

After the war, the people here played the "fresh air and mountains" card, offering a welcome to holiday camps and rest homes (like the one run by doctor Chappuis), but most often the tourists just passed through on their way to "La Cluse" or "Le Grand-Bo". So they started real estate programmes at more attractive prices than in the two neighbouring resorts and the population began to rise gradually. It had 696 inhabitants in 1982 and almost a thousand today.

The future of the commune is linked to the development of rural tourism, even health tourism, and to the possibilities of "relay" accommodation which it will offer for the two neighbouring resorts.

LE GRAND-BORNAND

Depuis Saint-Jean-de-Sixt, la route descend dans la vallée du Borne qu'elle franchit au Villaret. Vous entrez alors dans l'ombilic glaciaire du Grand-Bornand, venu depuis le col des Annes et fermé au nord-ouest par les « Etroits ».

Les Bornandins ont une très longue histoire liée au terroir. Edifié dans un premier temps à « l'endroit », le bourg qui grandit chaque jour grignote la froide forêt de « l'envers ». Si le clocher, et son magnifique bulbe, se situe à environ 935 mètres d'altitude, le terroir culmine à la Pointe Percée (2 752 mètres), point culminant des Aravis. Le terroir est surtout constitué d'alpages et dans la vallée du Bouchet ,sur le versant ubac, d'une magnifique forêt d'épicéas.

Si on pratique ici l'élevage depuis longtemps, elle entre dans l'histoire avec le reblochon. En 1495, le pâturage des Annes est albergé par le prieur de la chartreuse du Reposoir à quatre montagnards du Grand-Bornand : c'est ici l'origine de ce succulent fromage. Le reblochon est le produit d'une seconde traite à l'insu des chartreux qui, tolérants mais points fols, se contentent de réclamer en plus de l'aussiège, quelques uns de ces « fromages de dévotion ». On se résume : Les Bornandins payent la location des alpages avec du lait, mais ils tirent doucement sur les pis. Puis, les moines ayant tourné la bure, ils traient à nouveau et plus énergiquement les vaches et font leur fromage, ni vu ni connu. Traire les vaches se dit « blocher », les traire à nouveau se dit donc « reblocher », d'où le nom de reblochon (qui apparaît pour la première fois en 1699). Ne cherchez pas à comprendre : nos petits « filous » ont ainsi donné naissance là à une richesse sans précédent pour tout le massif. Le reblochon deviendra même un moyen de paiement. Dieu cependant n'épargne pas « lou Brafieu » (les Brasseurs d'affaires) et en 1569, le village connaît un sérieux incendie.

S'ils brassent des affaires, ils sont gens travailleurs et la richesse revient au pays. Peu avant la Révolution, « lou Brafieu » rachètent les droits seigneuriaux et, en 1793, participent activement à la « Guerre de Thônes ». Au moment de l'Annexion, ils ne sont plus que 1 954 habitants contre 2 258 en 1732. Ils pratiquent la polyculture, l'élevage des volailles, des porcs, des juments et des vaches. Bien que la construction de l'église soit achevée en 1877, Dieu n'est semble-t-il toujours pas satisfait puisque le village brûle à nouveau en 1894 dans la nuit du 13 au 14 juillet. Triste jour que ce 14 juillet puisqu'en 1987, une crue soudaine du Borne emporte une vingtaine de victimes.

From Saint-Jean-de-Sixt, the road goes down the valley of the river Borne, which it crosses at the Villaret. You are now entering the glacial navel of the Grand-Bornand, which comes from the col des Annes and is closed off to the northwest by the Etroits (Narrows).

The Bornandins have a very long history linked to the land. Initially built on "this side" (l'endroit), the ever-growing town is nibbling away at the cold forest on the "other side" (l'envers). While the church tower, with its magnificent onion-shaped dome, is at an altitude of around 935 metres, the highest point is the Pointe Percée (2,752 metres), the summit of the Aravis. The land is formed mostly of high mountain pastures and in the Bouchet valley, on the north-facing slopes, a magnificent spruce forest.

Although cattle rearing has been carried out here for a long time, it entered the history books with the reblochon. In 1495, grazing on the Annes was rented out by the prior of the Carthusian monastery of Reposoir to four mountain dwellers on the Grand-Bornand: there you have the origin of this succulent cheese. Reblochon is the product of a second milking without the knowledge of the Carthusians who, tolerant but not mad, were happy to claim in addition to the land rent ("l'aussiège"), some of these "lovingly made cheeses". In short: the Bornandins paid their rent on the grazing land with milk, but did not milk their cows fully. Then, when the monks had donned their cowls and left, they milked their cows again, more energetically, and made their cheese, which no one else ever saw. The word for milking cows is blocher, and to milk them a second time is thus reblocher, hence the name reblochon (which first appeared in 1699). Don't try and understand: our little "rascals" were responsible for bringing into being an unprecedented source of wealth for the whole massif. Reblochon would even become a method of payment. God, however, did not spare lou Brafieu (the Big businessmen) from calamity, and in 1569 the village fell victim to a serious fire.

Le Chinaillon et le Mont Lachat.

They might have been big businessmen, but they were also working folk, and the wealth returned to the land. Shortly before the Revolution, "lou Brafieu" bought the rights to the land and, in 1793, took an active part in the "War of Thônes". At the time of Annexation, there were only 1954 inhabitants compared to 2258 in 1732. They reared a variety of animals, from chickens and pigs to mares and cows. And although building on the church was completed in 1877, it appeared that God was still not satisfied, and the village burned again on the night of 13th/14th July 1894. 14th July would become a sad day in the calendar: on this date in 1987 the river Borne burst its banks and swept away some twenty victims.

Festival du Bonheur des Momes.

Après la Première guerre mondiale, avec l'arrivée du tourisme, on développe le ski à « l'envers » du Chinaillon. En 1931, se déroule la première course de fond du Grand-Bornand et on crée le syndicat d'initiative et le ski-club.

La population redémarre et, durant la guerre, le village est tout entier acquis à la Résistance, témoin la section « Allobroges » sur le Plateau des Glières et les rafles de la Milice et des G.M.R. C'est dans cette commune que sont jugés une centaine de miliciens de tout le département ; 96 d'entre eux sont fusillés.

After the First World War, with the arrival of tourism, skiing was developed on the "other side" of the Chinaillon. 1931 saw the first cross-country race in Grand-Bornand and the creation of the tourist information office and the ski-club.

The population increased and, during World War Two, the whole of the village became involved in the Resistance – witness the "Allobroges" section on the Plateau des Glières and the round-ups of the collaborationist Milice (militia) and the G.M.R. This commune was also the venue for the trial of a hundred militiamen from the whole department; 96 of them were shot.

En 1946, on aménage la première remontée mécanique et les sports d'hiver ajoutent un plus aux revenus des Bornandins.

Aujourd'hui, avec une capacité d'accueil de plusieurs milliers de lits et des dizaines de kilomètres de pistes, le Grand-Bornand est une station de sports d'hiver de très grande renommée. Malgré tout, même si le secteur tertiaire occupe près des deux tiers des habitants, l'agriculture reste bien présente et ce ne sont pas les 2000 bovins de la commune qui diront le contraire, eux qui chaque printemps attendent avec impatience le moment de grimper à l'alpage.

In 1946, the first mechanical ski-lift was installed and winter sports became an extra source of income for the Bornandins.

Today, with its capacity to accommodate several thousand guests and its tens of kilometres of ski runs, the Grand-Bornand is a very highly renowned winter sports resort. In spite of all this, even though the service sector provides employment for almost two thirds of the inhabitants, agriculture is still very much alive; the 2000 cows in the commune would not refute this, as they wait impatiently every spring for the time to climb up to the mountain pastures.

LE REPOSOIR

Après Le Grand-Bornand et le Chinaillon, la route du col de la Colombière grimpe entre en Bargy et Marolly. C'est le paradis des bouquetins, voire des chamois.

Village de pied de col (975 mètres), on en trouve la trace sous d'autres noms, avant la venue des moines. C'est par une charte du 22 janvier 1151, qu'Aimon Ier de Faucigny donne à Jean d'Espagne, religieux de l'ordre de Saint-Bruno tout le terroir formant les gorges de Béol pour qu'une chartreuse soit établie. Le bienheureux Jean trouva l'endroit si bien adapté aux exigences de son ordre qu'il changea le nom du lieu et lui donna celui de Reposoir.

Le territoire de la chartreuse ne cesse de s'agrandir par des donations des seigneurs. Elle possède des terres de la vallée du Giffre à Magland, de Thônes à Veyrier, terres qu'elle place en métayage ce qui lui rapporte beaucoup. On travaille le lait, (beurre et fromages), on cultive de la vigne et les moines autorisent la chasse pour la noblesse contre moult redevances. En 1650, les chartreux demandent aux chartreux suisses de leur envoyer des fermiers expérimentés dans la fabrication du gruyère. Cent cinquante ans plus tard, la Révolution française envoie les moines en exil et vend les bâtiments (1795), mais heureusement les habitants du Reposoir rachètent presque tout assez rapidement. Et les chartreux reviennent au XIXè siècle. Aujourd'hui, l'abbaye est habitée par quelques religieuses et l'on peut visiter certains locaux. Le visiteur découvre de magnifiques bâtiments dans un cadre de verdure où règnent calme et sérénité.

Et Le Reposoir me direz-vous ? Et bien la commune vit au rythme de son abbaye. On construit cependant une église et on dénombre 408 Reposerands en 1848. Ils ne sont plus que 304 en 1946, 212 en 1975. Le village se meurt-il ? C'est que le village est encaissé au cœur de la montagne et que le terroir communal, fortement pentu, est peu propice à l'agriculture comme aux sports d'hiver. De plus la route du col, fermée durant les longs mois d'hiver, transforme le village en cul de sac. Cependant Le Reposoir veut vivre grâce à un tourisme estival qu'il tente de développer avec force. Pour le premier magistrat de la commune, il ne faut pas que toutes les forces vives du village descendent chaque jour travailler à Scionzier ou dans les ateliers de décolletage de la vallée de l'Arve. Ils sont 350 environ aujourd'hui à vivre au pied du Bargy.

After Le Grand-Bornand and Chinaillon, the col de la Colombière road climbs between Bargy and Marolly. This is a paradise for ibex, and even chamois.

The village is at the foot of the col (975 metres), and a record of it can be found under other names, before the arrival of the monks. According to a charter of 22nd January 1151, Aimon 1st of Faucigny gave Jean d'Espagne, a monk of the order of Saint-Bruno, all the land forming the Béol gorges for him to set up a Carthusian monastery. The blessed Jean found the place so well adapted to the demands of his order that he changed the name of the place and re-christened it Reposoir.

The land belonging to the monastery grew continuously thanks to donations from the lords. It had lands in the valley of the Giffre at Magland, Thônes at Veyrier, and applied the metayage system to them, receiving a considerable rent in kind. They worked the milk (butter and cheeses), they grew vines and the monks authorised hunting for the noblemen in exchange for hefty taxes. In 1650, the Carthusians asked the Swiss Carthusians to send them farmers experienced in the production of gruyère. One hundred and fifty years later, the French Revolution sent the monks into exile and the buildings were sold (1795), but fortunately the inhabitants of Le Reposoir were able to buy back almost everything quite quickly. And the Carthusians returned in the 19th century. Today, the abbey is inhabited by a few nuns and certain rooms are open to visit. Visitors will discover magnificent buildings against a backdrop of greenery where peace and calm predominate.

And what about Le Reposoir, you will ask? Well, the commune lived at the rhythm of its abbey. A church was built, however, and there were 408 Reposerands in 1848. This figure dropped to 304 in 1946, and a mere 212 in 1975. Is the village dying? The fact is that the village is ensconced in the heart of the mountains and the steeply sloping commune land is suitable neither for agriculture nor winter sports. What's more, the road to the col, which is closed during the long winter months, turns the village into a dead end. However, Le Reposoir wants to make a living from summer tourism, which it is pushing hard to develop. The commune's mayor does not want all the inhabitants of the village to go down the mountain every day to work in Scionzier or in the metal cutting workshops in the Arve valley. There are now around 350 people living at the foot of the Bargy.

THORENS GLIÈRES

Commune de Piémont, elle garde la haute vallée de la Filière au sortir du massif des Bornes. Situé à 674 mètre d'altitude, à l'écart de la grande circulation et doté d'un terroir constitué de montagnes peu propices à l'activité agricole, ce chef-lieu a de tout temps eut du mal à de développer.

Thorens « voit véritablement le jour » avec la famille de Compey au XIè siècle. Mais la famille connaît des difficultés et le fief est rattaché à la famille des Luxembourg-Martigues. Cependant les Compey retrouvent leur bien avant que la famille de Sales n'achète la seigneurie pour 6 000 livres en 1602. On n'a rien demandé aux Thoranais, bien sûr. Le château originel de Sales, où est né le grand homme de la Savoie, Saint-François de Sales, est démantelé en 1630 sur ordre du Roi de France, qui n'a guère apprécié qu'on le fasse attendre alors qu'un Sales lui tenait Annecy close. On rebâtit un château en contrebas et en 1672, est édifiée une chapelle à l'emplacement de la chambre natale du Saint (derrière la ferme actuelle). La vie dévote de Saint-François de Sales ayant donné lieu à de multiples ouvrages, nous renvoyons le lecteur à ces publications, ou nous le convions à le rencontrer à la Visitation d'Annecy, ordre qu'il fonda avec Sainte-Jeanne de Chantal en 1610. Il ne faut pas manquer la visite de ce château, son trésor salésien remarquable, ses belles toiles de maîtres, ses tapisseries de la vie de Tobie ainsi que la table où fut élaboré le traité d'Annexion de 1860, attendu que Cavour, premier ministre du Royaume de Piémont, était le petit-fils de Philippine de Sales. En ce temps, la vie agricole est intense (1 078 habitants en 1756) et les moulins sont actifs le long de la Filière. Au XVIIIè siècle le marquis de Sales ouvre même une verrerie (300 emplois) et on exporte des bouteilles, par exemple, jusqu'en terres étrangères. On compte plus de 2 200 habitants lors de la Révolution française et en 1881, ils sont 2 651 à vivre au pays.

In the commune of Piémont, it stands guard over the high valley of la Filière as it emerges from the Bornes massif. Situated at an altitude of 674 metres, off the beaten track and with land formed of mountains which are not really suitable for agricultural activity, this county town has always had difficulties in developing.

Thorens "really saw the light" with the Compey family in the 11th century. But the family experienced difficulties and the fief was attached to the Luxembourg-Martigues family. However, the Compey family recovered its asset before the Sales family bought the feudal rights for 6000 pounds in 1602. Nothing was asked of the people of Thorens, of course. The original Sales château, the birthplace of the great man of Savoie, Saint-François de Sales, was dismantled in 1630 on the orders of the King of France, who did not appreciate being made to wait by one of the Sales family before entering Annecy. A château was rebuilt below, and in 1672 a chapel was built on the site of the room where the Saint was born (behind the current farm). The holy life of Saint-François de Sales has been the subject of many works, and we would draw the reader's attention to these publications; alternatively, he can be discovered through the Annecy Visitation, an order he founded with Sainte-Jeanne de Chantal in 1610. A visit to this château is a must, with its remarkable Salesien treasures, its beautiful old masters, its tapestries depicting the life of Tobie and the table on which the 1860 treaty of Annexion was drawn up – this honour was due to the fact that Cavour, the first minister of the Kingdom of Piémont, was the grandson of Philippine de Sales. At that time, agricultural life was intense (1,078 inhabitants in 1756) and the mills were active all along the Filière. In the 18th century the marquis de Sales even opened a glassworks (300 jobs) and bottles were exported, for example, overseas. There were more than 2,200 inhabitants at the time of the French Revolution, and in 1881 this figure was 2,651.

Malheureusement la population diminue car la verrerie ferme et les moulins périclitent à l'exception du moulin Bevillard. En 1920, des visitandines s'installent au village, qui ne compte plus de 1 530 habitants à la veille de la Seconde guerre mondiale.

Cette dernière est durement vécue ici, au pied du Plateau des Glières, comme à Entremont ou à Petit-Bornand et les Thoranais ont bien mérité d'ajouter Glières au nom de leur commune. Le bourg fut occupé par la Milice en 1944, le ministre Henriot y vint en visite et les traces de cette histoire seront longues à cicatriser. Mais si vous avez le temps grimpez jusqu'à la grotte de l'Adiau où les jeunes « planquèrent » des armes en 1942, ou encore jusque sur le Plateau Glières, immense pâturage à découvrir au cœur de notre Histoire savoyarde. Je ne pense pas que les habitants soient avares et même si certains les ont surnommés « lou Piou », ils ont été d'une grande générosité en ces temps difficiles de la guerre.

Ils ne sont plus que 1 443 en 1946 et vingt ans plus tard on ouvre un centre de psychothérapie, puis un nouveau groupe scolaire, puis les équipements culturels suivent et l'exode est enrayé. Mais on peut déplorer, avec Jean Claude Prost, maire de la commune, que les grands équipements, notamment collège et gendarmerie, soient allés s'installer à Groisy et non au chef-lieu du canton.

Mais Thorens-Glières devient un village rural résidentiel où il fait bon vivre, village qui respire une sérénité et qui aujourd'hui compte plus de 2000 habitants.

Saint François de Sale.

Unfortunately, the population declined when the glassworks closed down, and all the mills apart from the Bevillard mill fell into a state of collapse. In 1920, Visitation order nuns settled in the village, which had no more than 1,530 inhabitants on the eve of the Second World War.

The War hit hard here, at the foot of the Plateau des Glières, as it did in Entremont and Petit-Bornand, and the Thoranais certainly deserved having Glières added to the name of their commune. The village was occupied by the Milice in 1944, minister Henriot came to visit, and the marks left by this story will take a long time to heal. But if you have time, climb up to the l'Adiau cave where the young people "stashed" their arms in 1942, or to the Plateau Glières, a huge mountain pasture to be discovered in the heart of our History of Savoie. I don't believe the inhabitants are stingy and even though some people have nicknamed them "lou Piou", they displayed great generosity during the difficult wartime period.

The population had fallen to 1,443 in 1946, and twenty years later a psychotherapy centre was opened, then a new school group, then cultural services followed and the exodus was curbed. But we share the concern of Jean Claude Prost, the mayor of the commune, that the major facilities, particularly school and police station, were set up in Groisy and not in the canton's main town.

Nevertheless, Thorens-Glières is becoming a residential rural village with a good quality of life, a village which breathes peace and tranquillity and which today has more than 2,000 inhabitants.

CHABLAIS

Indubitablement, le Chablais est « une province savoyarde originale », pour reprendre les mots de son historien le plus illustre, Henri Baud. De fait, cette province, qui fut, notamment au XVè siècle, le centre politique du duché de Savoie, offre deux espaces liés, mais distincts.

D'abord le littoral lémanique, apprécié des élites européennes dès le XVIIIè siècle, plus encore au XIXè et au début du XXè. Il est constitué des « terrasses » du Léman qui s'étalent largement à l'ouest, pour devenir de plus en plus étroites, vers l'est, jusqu'à leur disparition totale sous les falaises de Meillerie. C'est là que l'agriculture se développa, avec la céréaliculture (la Chablinette est une baguette de pain fabriquée avec ses produits), la vigne, dans sa période d'extension la plus large avant l'arrivée du phylloxéra (dans le dernier quart du XIXè), les vergers de pommiers, largement victimes des remembrements, et les petits fruits rouges (framboises et mûres) qui connaissent un succès constant. Bien entendu, l'élevage s'y est maintenu, malgré les « quotas laitiers » à l'origine de la disparition de nombreuses petites exploitations agricoles dont les effets le plus évidents sont la modification de l'économie locale et de la civilisation villageoise transformée, ici comme ailleurs, en rurbanisation frénétique ! Les emplois induits sont largement liés, directement ou indirectement, à la frontière helvète proche.

Il faut dire que jamais - même pas durant l'invasion burgonde au Vè siècle qui ne représente qu'un apport de 2 ou 3 mille habitants sur l'équivalent de la région Rhône-Alpes - jamais, donc, la région n'a connu un bouleversement semblable dans le domaine démographique : l'arrivée de populations exogènes, en moins d'un quart de siècle, est si colossale, qu'elle chamboule irrémédiablement la vie locale ! Mais la relative lenteur du phénomène en cache les effets qui ne seront véritablement perceptibles qu'avec beaucoup de recul…

La montagne constitue le reste du Chablais, avec ses « précipices bien affreux », pour reprendre les mots de Jean-Jacques Rousseau ; avec, surtout, durant des siècles, d'importantes difficultés de circulation : elles perdurent encore aujourd'hui bien que le Conseil général du département fasse de louables, et généralement efficaces, efforts pour gommer les inconvénients dus au relief et au climat. Les vallées, dont la principale direction est naturellement le Léman, se rejoignent dans la Dranse, pour celles situées le plus à l'est ; celles de l'ouest rejoignent la vallée de l'Arve.

Dans ce massif du Chablais, où la nature est nettement mieux sauvegardée que sur le littoral, l'élevage bovin règne en maître, avec les productions fromagères d'exception que sont le Reblochon, l'Abondance ou la Tomme de Savoie. L'exploitation forestière n'y est pas absente, mais le tourisme, dans les stations les plus hautes évidemment, représente les gisements d'emplois majeurs. Les stations de moyennes altitudes subissent, de plein fouet, les aléas climatiques et ne subsistent que très difficilement.

Without doubt, Chablais is "an original Savoy province", to quote its most illustrious historian, Henri Baud. In fact, this province, which was, particularly in the 15th century, the political centre of the duchy of Savoy, offers two linked, but distinct, areas.

Firstly the shores of Lake Geneva, popular with the elite of Europe from the 18th century, then again in the 19th century and at the start of the 20th. It is formed of "terraces" of the lake which extend largely to the west, becoming narrower and narrower, to the east, until they disappear completely under the Meillerie cliffs. That is where agriculture developed, with cereal crops (Chablinette is a baguette made with products from here), vines, most widespread before the arrival of phylloxera (in the last quarter of the 19th century), apple orchards, largely victims of land consolidation, and small summer fruits (raspberries and blackberries) which are in constant demand. Of course, cattle are still reared, despite the "milk quotas" which are responsible for the disappearance of numerous small agricultural businesses and whose most obvious effects are the change in the local economy and the transformation of village life, here as elsewhere, into frantic reurbanisation! The spin-off jobs are largely linked, directly or indirectly, to the nearby Swiss border.

It has to be said that never — not even during the Burgundian invasion in the 5th century, which represents only a contribution of 2 or 3 thousand inhabitants on the equivalent of the Rhône-Alpes region — has the region seen such a demographic upheaval: the arrival of populations from outside, in less than a quarter of a century, is so colossal that it has turned local life upside down! But the relatively gentle pace of the phenomenon obscures the effects, which will only be really noticeable with a great deal of hindsight.

The rest of the Chablais is formed of mountains, with their "frightful precipices", to quote Jean-Jacques Rousseau and, primarily, for centuries, considerable traffic problems: these still exist today although the departmental Council is making praiseworthy, and generally effective, efforts to smooth over the disadvantages arising from the landscape and the climate. The valleys, which of course head principally towards Lake Geneva, meet in the Dranse, in the case of the most easterly ones; those in the west, meanwhile, meet in the Arve valley.

In the Chablais massif, where nature is clearly better safeguarded than on the shores of the lake, the rearing of cows still reigns supreme, with the production of exceptional cheeses such as Reblochon, Abondance and Tomme de Savoie. Forestry is also present, but tourism, in the highest resorts obviously, is the biggest source of employment. The resorts at mid altitude bear the full brunt of the vicissitudes of the climate and subsist only with great difficulty.

Evian-les-Bains

A tout seigneur, tout honneur ! C'est par Evian que nous entrerons en Chablais. Il est incontestable que, avec Chamonix, c'est la ville la plus connue de Haute-Savoie. On pourrait même se demander laquelle des deux est au sommet de la notoriété… Le plus étrange est qu'Evian doit sa gloire à un liquide « incolore, inodore et sans saveur », l'eau ! Vichy, ne manque pas de sel, Perrier pétille allègrement, Evian est désespérément plate. Fraîche, mais plate ! Et pourtant ce n'est pas une eau sans qualité, loin s'en faut ! car elle est pure ! La pureté est une propriété quasi mystique qui ne se mesure guère avec les sens humains contrairement aux eaux évoquées précédemment. La pureté est une vertu, Evian est donc une eau pleine de vertu ! Contrairement à beaucoup d'eaux minérales, connues par nos ancêtres les Romains, Evian n'est découverte qu'à la fin du XVIIIè siècle ! Elle aurait plu à Montaigne qui parcourut l'Europe à la recherche d'une eau susceptible de le guérir de la maladie de la pierre, mais hélas, elle ne surgissait pas alors dans les traités de thermalisme…

Honour to who honour is due! Evian is the town which leads us into Chablais. And it is undoubtedly, together with Chamonix, the most well-known town in Haute-Savoie. You might even ask yourself which is the more famous of the two… The strangest thing is that Evian owes its fame to a "colourless, odourless and flavourless" liquid: water! Vichy has its fair share of salt, Perrier has a joyful sparkle, and Evian is desperately flat. Cool, but flat! And yet it is not a water lacking in quality, far from it. Because it is pure! Purity is an almost mystical property which can hardly be measured with the human senses, unlike the waters mentioned above. Purity is a virtue, and so Evian is a water full of virtue! Unlike many mineral waters, known to our ancestors the Romans, Evian was only discovered at the end of the 18th century. It might have been to the liking of Montaigne as he travelled around Europe looking for a water capable of curing his urinary stones, but alas, it did not at that time appear in the reference books on spa waters…

Evian est une ville charmante. En hiver, on y ressent une atmosphère tout à fait « Villa triste ». En été, l'animation touristique aidant, on perçoit encore ce que fut l'ambiance des grandes années du thermalisme mondain : sur le front du lac, les thermes, le casino, la villa Lumière (aujourd'hui Hôtel de ville) et le jardin anglais, se font leur cinéma « Belle époque » ! Gustave Eiffel et la poétesse Anna de Noailles, un peu oubliée de nos jours, y vinrent assidument.

Grâce au golf et à des hôtels de prestige, Evian maintient son standing. La ville a, ainsi, joué un rôle politique important avec les « Accords d'Evian » en 1962 et un G8, en 2003 !

Si, parfois, sous une certaine lumière, le Léman peut faire songer à un détroit, quotidiennement des navires de la Compagnie Générale de Navigation le traversent, d'Evian vers Lausanne, avec retour le soir, pour le transport de travailleurs frontaliers… Aller travailler en bateau ce n'est pas donné à tout le monde !

Evian is a charming town. In winter, the melancholic atmosphere is completely that of a "Villa triste" ("sad villa"). In summer, with the help of tourist activity, one can still see what kind of atmosphere would have existed during the great years of society water cures: at the lakeside, the thermal baths, the casino, the villa Lumière ("villa of Light", now the town hall) and the landscaped garden form their own scene from the "Belle époque"! Gustave Eiffel and the poet Anna de Noailles, somewhat forgotten nowadays, were regular visitors.

Thanks to golf and prestige hotels, Evian maintains its standing. This has helped the town play its politically important role with the "Evian Agreements" in 1962 and a G8 in 2003.

If, sometimes, in a certain light, Lake Geneva can give the impression of a strait, on a daily basis boats belonging to the Compagnie Générale de Navigation cross it from Evian to Lausanne, with a return trip in the evening, to transport cross-border workers. Not everyone gets the chance to go to work by boat!

PUBLIER

La cité de l'eau.

Dans ce pays d'eaux, la commune de Publier a investi les revenus issus des eaux d'Evian dans la construction de la « Cité des eaux », un ensemble balnéaire superbe mais qui n'a strictement rien de thermal ; sauf peut-être en ce qui concerne l'eau utilisée dont la composition ne doit pas être très éloignée de celle qui sourd plus bas… En tout cas cela permet à tous ceux qui aiment la natation de la pratiquer au long de l'année car, on s'en doute évidemment, pour le commun des mortels, le Léman n'offre cette possibilité que durant un peu plus de deux mois !

Le delta de la Dranse, situé non loin d'Amphion - la partie la plus connue de Publier où se trouvent des eaux ferrugineuses qui eurent leurs heures de gloire à l'époque « sarde » - est une réserve d'une cinquantaine d'hectares. On y trouve de nombreuses espèces d'oiseaux et une flore exceptionnelle. Cette réserve n'est pas un luxe car la vie actuelle empiète sur la nature !

In this region of waters, the commune of Publier has invested the income from the waters of Evian in the construction of the "Cité des eaux", a superb spa complex, but one which, strictly speaking, has nothing of the thermal baths about it; except, perhaps, with regard to the water used, whose composition cannot be very far from that which rises further down. In any case, this allows those who love swimming to be able to swim all year round because, obviously, for most mortals Lake Geneva only offers this possibility for a little over two months!

The Dranse delta, not far from Amphion - the best known part of Publier, where the ferruginous waters which had their heyday in the "Sardinian" period are to be found - is a reserve of some fifty hectares. Here there are numerous bird species and exceptional flora. This reserve is not a luxury because life nowadays encroaches on nature!

THONON-LES-BAINS

Malgré une excellente eau minérale et une population bien plus importante que celle d'Evian, Thonon n'a pas, loin s'en faut, le même prestige… Toutefois, on découvrira que la ville a beaucoup à proposer !

Depuis le belvédère offrant un panorama exceptionnel sur le Léman, on pourra apprécier, en contrebas, le port de Rives. On peut y accéder par un funiculaire automatisé. L'ancien, conduit par un être humain, avait bien de l'agrément ! Bien entendu, faire la descente sur ses jambes est aussi un exercice très sain et peu coûteux… Sur le port, à l'intérieur d'anciennes guérites de pêcheurs (dont certaines sont encore utilisées) on accèdera à « L'écomusée de la pêche et du lac » ; il présente une passionnante vue de la vie lémanique valant le déplacement.

C'est en douceur, par la persuasion et par l'écriture, que François de Sales réussit, à la fin du XVIe siècle, à ramener au catholicisme les protestants thononais : il glissait sous les portes des textes imprimés destinés à convaincre les hérétiques de réintégrer l'Eglise de Rome. Il réussit ! C'est la raison pour laquelle l'Eglise en fit un saint et, qui plus est, le saint-patron des journalistes. C'est aussi pour cela que l'on construisit à Thonon une basilique portant son nom.

Despite an excellent mineral water and a much bigger population than Evian, Thonon has far from the same prestige… However, you will discover that the town has a lot to offer!

From the belvedere offering an exceptional view of Lake Geneva, below one can make out the port of Rives. It can be reached via an automatic cable car. The old one, run by a human being, had a great deal of charm! Of course, walking down is also a very healthy and cheap form of exercise… At the port, inside the old fishermen's huts (some of which are still used) you can visit the "Eco-museum of fishing and the lake"; it gives a fascinating view of life on the lake and is well worth a visit.

It was with a gentle approach, through persuasion and writing, that François de Sales succeeded, at the end of the 16th century, in bringing the Protestants of Thonon to Catholicism: he slipped under their doors printed texts designed to convince heretics to return to the bosom of the Church of Rome. And he succeeded! This is the reason why the Church made him a saint and, what is more, the patron saint of journalists. It is also why they built a basilica in Thonon bearing his name.

Etrange destin que celui du couvent des Minimes, bâti en style toscan dans la deuxième moitié du XVIIè ; durant la révolution il fut transformé en hôpital - plus tard nommé Hôtel-Dieu - jusqu'à la construction du moderne hôpital, puis il resta sans emploi pour être, finalement, transformé en tribunal : cherchez l'incongruité ! Concédons cependant que conserver les beaux bâtiments anciens est une louable initiative !

Non loin, tout à côté de la « marina » de Port Ripaille, se trouve le château de Ripaille. Lorsque l'on sait qu'il ne lui reste que quatre tours sur les sept initiales, on imagine sans peine à quel point il devait en imposer à l'époque de sa splendeur. Notamment lorsque le duc Amédée VIII y fonda l'ordre des chevaliers de Saint-Maurice tout en dirigeant ses Etats. C'est là que le duc apprit son élection comme pape, sous le nom de Félix V, par le concile de Bâle. Mais l'affaire tourna mal et il fut contraint d'abdiquer au profit de Nicolas V. Il fut le dernier des antipapes !

Proches des vignes entourant le château, et qui produisent un blanc excellent (l'AOC Ripaille), se trouvent un arboretum et la « Clairière des Justes », mémorial rendant hommage aux femmes et hommes qui ont sauvé des Juifs - et parfois y ont perdu la vie - durant la Seconde Guerre Mondiale.

Le château de Ripaille.

A strange fate was to await the convent of les Minimes, built in Tuscan style in the second half of the 17th century; during the revolution it was transformed into a hospital - later named Hôtel-Dieu or General Hospital - until the construction of the modern hospital, then it remained without a job, before finally being converted into a courthouse: look for the incongruity there! Lets concede, however, that preserving the fine old buildings is a praiseworthy initiative!

Not far away, right next to the Port Ripaille "marina", is the château of Ripaille. When you discover that it only has left four of its original seven towers, you can easily imagine how imposing it must have been in its heyday. Particularly when the duke Amédée VIII founded there the order of knights of Saint-Maurice while directing his States. This is where the duke learnt of his appointment as Pope, under the name of Felix V, by the council of Basle. But things turned out badly and he was forced to abdicate in favour of Nicholas V. He was the last of the anti-Popes!

Near the vines which surround the château, and which produce an excellent white (the AOC Ripaille), there is an arboretum and the "Clearing of the Fair", a memorial paying homage to the men and women who saved Jews - and often lost their lives doing so - during the Second World War.

Le port.

Sciez

Mairie.

En prenant la direction de l'ouest, on passera par Sciez. Dans cette bourgade, qui a gardé les traces de l'époque où elle était un lieu de villégiature pour les familles petites-bourgeoises, sont installés le Musée départemental des sapeurs-pompiers et une fauconnerie proposant des animations autour des rapaces.

Il existe tout un tas de petits restaurants le long des rives du Léman, sur la carte desquels s'affiche la gastronomie locale : perches, féra, friture… Par ailleurs, dans un vaste parc, le château de Coudrée, une étonnante hôtellerie, installée dans un château du XIIè siècle restauré où se retrouve la structure du donjon primitif, propose un accueil de très haut de gamme à proximité du lac. Dans le voisinage immédiat, une buxaie, exceptionnelle forêt de buis, datant, dit-on, du XVIIè siècle, aurait un plan reproduisant celui de la ville de Turin où s'étaient installés les ducs de Savoie.

Moving in a westerly direction, we pass through Sciez. This small town, which has retained traces of the time when it was a holiday location for petit-bourgeois families, is home to the departmental Museum devoted to the fire brigade and a falconry which puts on displays involving birds of prey.

There are a lot of small restaurants, along the shores of Lake Geneva, whose menus are filled with local cuisine: perch, whitefish, fried fish, etc. Elsewhere, in a huge park, the château of Coudrée, an astonishing inn housed in a restored 12th century château which still retains the structure of its primitive dungeon, offers a top of the range welcome right beside the lake. In the immediate vicinity an exceptional boxwood forest which dates, it is said, from the 17th century, is supposed to have a plan which reproduces that of the city of Turin, former home to the dukes of Savoy.

EXCENEVEX

Nous arrivons ici sur la seule plage de sable, incluant des dunes, du Léman ! Et finalement tout tourne autour de ce site unique : en été nous sommes carrément dans une station balnéaire.

Cependant Excenevex (ne surtout pas prononcer le x final !) renferme une activité tout à fait particulière, une batterie d'or. A partir de lingots, les batteurs d'or fabriquent - l'or étant un métal ductile - d'extrêmement fines feuilles d'or utilisées dans l'art et l'artisanat d'art. Partout où la dorure doit durer, l'or d'Excenevex est utilisé : ce fut les cas pour les restaurations de Versailles !

Here we find ourselves on the only sandy beach, including the dunes, on Lake Geneva. And finally, everything revolves around this unique site: in summer we are quite clearly in a seaside resort.

However, Excenevex (where the final x is definitely not pronounced!) is home to a very unusual activity, the gold leaf beating industry. Starting with ingots, the gold leaf beaters - with gold being a very ductile metal - manufacture extremely fine gold leaf used in art and arts and crafts. Everywhere where gilding is required to last, Excenevex gold is used: it was used, for example, in restoration work at Versailles.

YVOIRE

L'or d'Excenevex, on le retrouve sur le coq du clocher coruscant d'Yvoire. Yvoire, c'est le village touristique archétypal, avec ses qualités et ses défauts… Si l'on est adepte du grégarisme, durant l'été, tout au long de la journée, et jusqu'à tard dans la nuit, on pourra satisfaire à bon compte ses inclinations. Si l'on est plutôt agoraphobe, il faudra venir le matin, avant 10 heures, ou bien, au printemps, ou en automne, en semaine, afin de bénéficier de l'enchantement des ruelles… Quoi qu'il en soit, Yvoire vaut incontestablement le déplacement tant ce village est charmant ! Un jardin médiéval, reconstitué avec goût dans les anciens potagers du château, présente un visage changeant avec les floraisons saisonnières. Enfin, à Yvoire aussi, de nombreux restaurants, dont certains avec des terrasses panoramiques, orientent leurs cartes alléchantes sur les produits des pêcheurs professionnels locaux. Il faut dire que cette activité fut largement pratiquée par les habitants dans le passé et qu'il reste encore quelques professionnels sur place, pour alimenter la restauration justement !

We find Excenevex gold on the cock of Yvoire's glittering church tower. Yvoire is the archetypal tourist village, with its qualities and its faults... If you are a gregarious type of person, during the summer, the whole day long and well into the night you will easily be able to satisfy your inclinations here. On the other hand, if you are more the agoraphobic type, you will have to come in the morning, before 10 o'clock, or in spring, or autumn, during the week, if you want to soak up the charm of the narrow streets. Whatever the case, Yvoire is a charming village certainly worth the trip! A medieval garden, tastefully reconstructed in the château's former vegetable gardens, presents a changing face with the flowering of the seasons. Finally, also in Yvoire, there are numerous restaurants, some with terraces with a view, whose mouth-watering menus are focussed on the products of the local professional fishermen. It has to be said that this activity was largely carried out by the village's inhabitants in the past, but that there are still some professionals here, precisely to provide for the tables of the local restaurants!

Plaque «Lord Byron»

NERNIER

Nettement plus paisible est Nernier. Ce village a gardé de manière évidente sa dimension de village de pêcheur traditionnel. Lamartine y séjourna durant les Cents jours, mais, contrairement à ce que peuvent laisser croire les vers gravés dans le sol d'un môle, ce n'est pas là qu'il écrivit Le Lac, mais à Aix-les-Bains. En revanche, Mary Shelley y imagina certains chapitres de Frankenstein, et Byron y séjourna en la compagnie du couple Shelley. D'ailleurs, en parcourant les ruelles, on découvrira des stèles commémorant ces différents événements : c'est un parcours amusant à suivre et très instructif… Quelques chats occupent les venelles aux maisons rénovées avec goût, le goût étant, comme chacun le sait, chose discutable : le visiteur y trouvera ce qui le charme en fonction du sien. Mais chacun s'accordera sur le fait que village est attachant. Ceux qui aiment son calme y reviennent souvent !

A clearly more peaceful village is Nernier, having obviously retained its traditional fishing village size. Lamartine stayed here during the Hundred Days, but, contrary to what you might be led to believe from the verses carved into the ground of a breakwater, it was not here that he wrote Le Lac, but in Aix-les-Bains. On the other hand, however, Mary Shelley did dream up certain chapters of Frankenstein here, and Byron stayed here in the company of the Shelleys. Otherwise, when wandering around the alleyways, you will discover steles commemorating these different events: it is an amusing route to follow, and a very instructive one. A few cats now occupy the alleys to the houses which have been tastefully renovated, although, as everyone knows, taste is debatable: visitors will find here what charms them depending on their own. But everyone will agree on the fact that the village has an endearing quality. Those who love its peace and quiet come back often!

Le village n'est pas au bord du lac, seuls un embarcadère, le port de Tougues, et une sympathique petite plage publique en côtoient les rives. Depuis un certain temps, comme c'est déjà le cas à Evian, un bateau assure la navette avec la rive suisse, permettant ainsi à des « frontaliers » de se rendre à leur travail et il ne faut qu'une vingtaine de minutes pour arriver à Nyon. Lieu de loisirs, depuis des lustres, le Léman redeviendra-t-il voie de circulation ? Avec la hausse du prix des carburants on peut rêver de voir les transports lacustres recouvrer l'importance qu'ils eurent durant des siècles...

Depuis le village, à travers les frondaisons, on entrevoit le magnifique château (privé) de Beauregard. Au XVIIIè siècle, dans la lignée des physiocrates, le marquis Alexis Costa de Beauregard écrivit un « Essai sur l'Amélioration de l'Agriculture dans les pays montueux et en particulier dans la Savoie » et tenta des expériences de cultures nouvelles afin d'augmenter « le bien-être des peuples ». Il serait fort surpris de voir aujourd'hui la prospérité qui règne dans son « fief », y compris dans l'agriculture...

CHENS SUR LEMAN

The village is not actually on the shores of the lake: a landing stage, the port of Tougues, and a pleasant little public beach are the only elements to be found there. For some time now, as is already the case at Evian, a boat provides a shuttle service with the Swiss shore, thus allowing the people who live near the border to get to work, and a mere twenty minutes are all it takes to reach Nyon. Having been a place of leisure for ages now, will Lake Geneva once again become a traffic route? With fuel prices rising, one might dream of seeing lake transport regaining the importance it had for centuries...

From the village, through the foliage, you can glimpse the magnificent (private) château of Beauregard. In the 18th century, in the tradition of the physiocrats, the marquis Alexis Costa de Beauregard wrote an Essay on the Improvement of Agriculture in hilly regions & in particular in Savoy and experienced new cultures to increase the "well-being of peoples". He would be very surprised today to see the prosperity which reigns in his "fief", even in agriculture...

DOUVAINE

Ici, au centre de ce que l'on appelle le Bas-Chablais, Douvaine, chef-lieu de Canton, est devenue une petite ville où bien des habitants ne rentrent que le soir. Autour d'un village noyau se sont greffés des lotissements, des immeubles, bref toute une population venue de l'extérieur, pour la Ruée vers le « chocodollars » De nombreuses associations fort dynamiques et couvrant toutes les activités culturelles et sportives, s'efforcent d'insuffler le goût de la vie communautaire aux résidents…

Derrière la mairie, de part et d'autre d'un grand parking, on découvrira un remarquable ensemble architectural. Il comprend, d'un côté, une vaste salle polyvalente (nommée « bulle » par les habitants) dont la forme n'est pas sans évoquer celle des vaisseaux spatiaux et qui devait s'inscrire dans un plus vaste projet incluant une place couverte d'un velum ; de l'autre côté, une école maternelle occupe l'espace avec des salles de formes arrondies, composant une structure totalement inusitée, ravissant les enfants !

Non loin, en direction de Chens sur Léman, les Granges de Servette, ouvertes en été, proposent les collections du musée de Milouti et des expositions temporaires. Le Dr Jacques Miguet, qui fut un homme de grande culture - un médecin humaniste ! - y fit exposer les peintres les plus connus de l'Ecole lyonnaise !

Here, at the centre of what is called the Bas-Chablais, Douvaine, the "county town" of the Canton, has become a small town where many of the inhabitants only return in the evening. Around the hub of the village, housing estates and blocks of flats have sprung up, a whole population which has come from outside, for the Stampede for "chocodollars". Numerous, very dynamic associations which cover all manner of cultural and sporting activities are trying their hardest to instil in the residents a taste for community life…

Behind the town hall, on either side of a large car park, you will discover a remarkable architectural complex. On the one side it has a huge multi-purpose hall (called the bulle or "bubble" by the inhabitants) which has a shape not unlike that of a spaceship, and which was supposed to be part of a much bigger project including a square covered with a canopy; on the other side, a nursery school occupies the space with rooms with rounded shapes, forming a completely unusual structure, to the delight of the children!

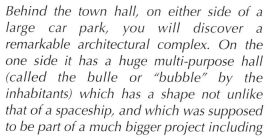

Not far away, towards Chens sur Léman, the Granges de Servette, open in the summer, offer collections from the Milouti museum and temporary exhibitions. Dr Jacques Miguet, who was a very cultured man - a humanist doctor! - used it for an exhibition of the best known painters of the School of Lyon.

BONS-EN-CHABLAIS

Tout comme Douvaine, Veigy ou Sciez, Bons-en-Chablais, appuyée sur le flanc de la montagne des Voirons, subit aussi l'arrivée massive de nouveaux résidents. Bien que plus tardivement, le coût de l'immobilier se déchaîne… Une zone industrielle relativement importante crée des emplois localement, ce qui n'est guère le cas ailleurs dans le Bas-Chablais.

Non loin de Bons, sur la route de Thonon, on ne manquera pas de s'arrêter, près du château d'Avully. On a là un superbe exemple de ce que peut-être une restauration réussie, travail de toute une vie pour son propriétaire, le château devrait ravir les amateurs d'architecture médiévale. Dans les salles un petit musée fait le point sur l'histoire de Savoie et devrait permettre au visiteur d'en découvrir la richesse et la complexité. Dans une vaste salle, on pourra admirer la quasi intégralité des blasons savoyards peints sur les murs, avec pour chacun, le nom de la famille qui l'arbore : c'est un moyen tout à fait exceptionnel pour découvrir un pays.

Enfin, si l'on désire découvrir la région de haut - il est toujours bon de voir les choses de haut ! - on pourra s'adresser à la base d'U.L.M. Scorpio, située à Cervens. On y propose des baptêmes de l'air permettant notamment de survoler les rivages lémaniques ou les montagnes proches.

Just like Douvaine, Veigy and Sciez, Bons-en-Chablais, resting on the slopes of the Voirons mountain, is experiencing the arrival en masse of new residents. Although it is happening later, real estate prices are going wild… A relatively large industrial area creates jobs locally, which is not the case elsewhere in the Bas-Chablais.

Not far from Bons, on the Thonon road, a stop at the château of Avully is a must. Here we have a superb example of what is perhaps a successful restoration, a lifelong work for its owner, who has made the château a delight for lovers of medieval architecture. Its rooms contain a small museum which provides a review of the history of Savoy and should give visitors the chance to discover its wealth and complexity. In a huge hall, one can admire almost complete Savoyard coats-of-arms painted on the walls, each with the name of the family which displays it: it is quite an exceptional way of discovering a region.

Finally, if you want to discover the region from above - it is still good to look down on certain things! - you can go to the U.L.M. Scorpio base, at Cervens. Here they will give you initiation in flying so that you can overfly, in particular, the shores of Lake Geneva and the nearby mountains.

LA MONTAGNE

Si le Bas-chablais, le littoral lémanique au sens large, est lieu de circulation aisé, il n'en est pas de même pour la montagne chablaisienne. Venant du littoral, on y pénètre assez doucement, par la Dranse, au départ de Thonon, ou bien opérant un contournement plein sud, par la Vallée Verte qui suit le cours de la Ménoge.

Les autres accès, par les cols, sont plus abrupts et plus francs. Depuis les Col du Feu, des Moises ou de Cou, on saisit la réalité de la montagne : habitat traditionnel conçu pour résister aux rigueurs des hivers, pentes où l'agriculture, hormis l'élevage, est ardue et la circulation difficile. D'un côté du col la douceur salésienne d'un paysage largement urbanisé et la vue sur le Léman, de l'autre, la rudesse d'un panorama largement mieux préservé - excepté parfois dans les stations - où l'on retrouve la vie traditionnelle. Mais que l'on ne s'y trompe pas, là aussi, même si elle n'est pas toujours perceptible, la poussée foncière s'exerce dans toute son inflexibilité… Les distances ne font plus peur, à moins naturellement que le coût du pétrole ne finisse par justifier le surnom d'or noir qu'on lui donne, rendant alors les déplacements financièrement inabordables… Mais ceci est une autre histoire !

If the Bas-chablais, the shores of Lake Geneva in the wide sense, is a place where moving around is easy, the same is not true of the mountains of Le Chablais. Arriving from the shores, access is quite gentle, through the Dranse, starting from Thonon, or alternatively skirting round from the south, through the Vallée Verte (Green Valley) which follows the course of the Ménoge.

The other accesses, through the cols or mountain passes, are steeper and more direct. From the Col du Feu, des Moises or de Cou, you realise what the mountain really is: a traditional habitat designed to resist the rigours of winter, slopes where agriculture, apart from cattle rearing, is arduous and moving around is difficult. From one side of the col you have the Salesian gentleness of a landscape which is mostly built-up and the view of Lake Geneva; from the other, the harshness of a panorama which is mostly better preserved - except sometimes for the resorts - and where a traditional lifestyle is more in evidence. But do not be mistaken, because there as well, even if it is not always noticeable, the pressure of land is just as inflexible. Distances are no longer frightening, unless of course the price of crude oil ends up by justifying its nickname of black gold, and travel becomes prohibitively expensive. But that's another story!

BOËGE

Aux pieds des Voirons s'étend la Vallée Verte, jadis nommée la Combe-noire en raison, sans doute, de la présence d'importants bois de sapins bien ssombre. La vallée fut défrichée dès le Moyen-âge et, de nos jours, elle présente un riant visage car elle possède, outre sa verte fraîcheur, un ciel nettement plus ensoleillé que celui du bassin lémanique.

En son centre se trouve le bourg de Boëge. Son église néo-gothique, construite de 1855 à 1858, détonne par rapport à celles du Bas-Chablais qui sont généralement de style néo-classique. Son architecture grandiloquente est très froide, mais elle abrite, comme une grande, la Vierge noire provenant de la chapelle des Voirons. A proximité, une halle, la grenette, pourvue de mesures taillées dans la pierre, rappelle que les hivers, s'ils se sont adoucis depuis le récent « réchauffement du climat », pouvaient être si rigoureux et si largement enneigés qu'un marché couvert était indispensable !

A proximité, depuis les Voirons - comme leur nom l'indique - on aura une large vue circulaire sur le Léman, comme sur le massif du Mont-Blanc, du célèbre jet d'eau à l'aiguille du Midi !

Sur l'autre versant de la vallée, on accède aux stations d'Habère-Poche, d'Hirmentaz ou des Brasses. Ce sont de charmantes stations familiales qui souffrent parfois d'un enneigement aléatoires mais qui ne manquent pas d'agréments : on y pratique ski de piste et de fond très souvent au soleil !

Stretching out from the base of the Voirons is the Vallée Verte, formerly called the Combe-noire (black coomb), no doubt because of the presence of large and very dark fir woods. The valley was cleared as early as the Middle Ages and nowadays it has a more cheerful face, because of its fresh greenness and a sky which has considerably more sunshine than the basin of Lake Geneva.

In its centre is the village of Boëge. Its neo-Gothic church, built between 1855 and 1858, is out of place compared to those of the Bas-Chablais, which are generally neo-classical in style. Its grandiloquent architecture is very cold, but it provides shelter, like a big sister, for the black Virgin from the chapel of the Voirons. Nearby, a hall, "la grenette", which has measurements carved in the stone, is a reminder that winters, although milder since the recent "global warming", could be so harsh and covered in snow for so long that a covered market was indispensable!

In the vicinity, from the Voirons - as their name indicates - there is a wide circular view of Lake Geneva, and of the Mont-Blanc massif, from the famous water jet to the Midi needle!

On the other slope of the valley, you can reach the resorts of Habère-Poche, Hirmentaz and des Brasses. These are charming family resorts which occasionally suffer from random snowfall but which are not lacking in facilities: you can do downhill and cross-country skiing, often in the sunshine!

Le lavoir

MEGEVETTE

Si, depuis la Vallée Verte, on traverse le plateau des Plaines Joux (plaine signifiant plane et joux, forêt !) haut lieu du ski de fond, on arrive à Onnion, puis, après avoir remonté le nant nommé Risse, par des passages routiers fort escarpés, on arrive à Mégevette, une gentille bourgade où l'on imagine assez facilement de passer des vacances « vertes » !

C'est là que, au XIVè siècle, aurait eu lieu la bataille du Comte-Vert contre les rebelles du Faucigny qui refusaient de passer sous sa domination à la suite du traité de 1355, par lequel il échangeait ses terres du Dauphiné, avec le Dauphin de France contre la baronnie de Faucigny. Reste à savoir si cette tradition populaire est un tant soit peu fondée ! Ce qui reste certain, c'est bel et bien que le Faucigny passa sous la bannière de Savoie !

If, from the Vallée Verte, you cross the plateau of the Plaines Joux (plaine means flat and joux, forest !), the Mecca of cross country skiing, you reach Onnion; then, after climbing up the nant called Risse, along very steep roads, you arrive at Mégevette, a pleasant little town where you can quite easily imagine spending "green" holidays!

This was the supposed venue, in the 14th century, for the battle between the Comte-Vert and the Faucigny rebels, who refused to subject themselves to his domination following the treaty of 1355. This treaty exchanged his lands in the Dauphiné with the Dauphin de France for the barony of Faucigny. It remains to be seen whether this popular tradition has the slightest basis in fact! What is certain is that Faucigny definitely became part of Savoy.

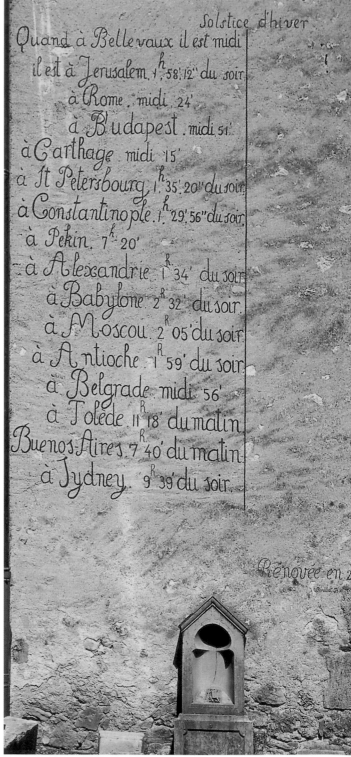

Fuseau horaire sur l'église de Bellevaux

BELLEVAUX

En continuant la route vers le nord, on franchira le col de Jambaz, qui peut s'enorgueillir de tenir son nom - à moins que ce ne soit l'inverse ! - de deux hameaux joliment baptisés « Jambaz de là » et « Jambaz de çà ». A partir de ce col en descend dans une belle vallée où, tout naturellement, on trouvera le village de Bellevaux - toponyme dont l'origine n'est pas à chercher bien loin !

Cependant, avant d'arriver à Bellevaux, on aura la curiosité de tourner sur la droite en direction du Lac de Vallon. Dans ce lac qui se dessine sous le Roc d'Enfer, on entrevoit, dans l'eau, des restes de constructions… Quoique fort loin de l'océan, on n'est pas, ici, éloigné du mythe de la ville d'Ys engloutie sous les flots ; mais, au lieu d'être recouvertes brutalement, les habitations ont été lentement noyées en 1943 après qu'un brutal glissement de terrain ait barré la vallée, créant ainsi la retenue naturelle à l'origine du plan d'eau. Aujourd'hui, il est probable que l'on s'efforcerait de dégager la terre et les rochers, à l'époque, on avait d'autres chats à fouetter et l'on se contenta d'évacuer les lieux… Si bien que ce qui reste de la Chartreuse du vallon de la Chèvrerie se trouve près de l'eau. Les mutations géologiques de ce type, et aussi brutales, sont assez exceptionnelles pour être notées !

C'est à Bellevaux que vit Félix Meynet, un dessinateur de BD ayant créé un personnage haut en couleur, nommé Fanfoué, (forme savoyarde de François) vieux briscard archétypal, à l'œil malicieux et concupiscent, grand amateur de gnoles variées. Avec Philippe Roman, son scénariste, ils ont produit aussi les personnages de Double M, publiés chez Dargaud, dont les aventures se déroulent dans la région. « Le Trésor des Chartreux », premier album de la série, a justement pour cadre le lac de Vallon.

Following the road to the north, you will pass through the col de Jambaz, which can be proud of having given its name - unless it's the other way around! - to two hamlets with the charming names of "Jambaz de là" and "Jambaz de çà". From this col you drop down into a beautiful valley where, quite naturally, you will find the village of Bellevaux - a place name whose origin is to be found not too far away!

However, before reaching Bellevaux, a curious feature can be found by turning right towards the Lac de Vallon. In this lake lying beneath the Roc d'Enfer (Hell's Rock), you can make out, in the water, the remains of buildings… Although a long way from the ocean, this is clearly reminiscent of the legend of the city of Ys engulfed beneath the waves; but, rather than being brutally submerged, these dwellings were slowly drowned in 1943 after a brutal landslide swept down the valley, thus creating the natural retaining feature which is the origin of the lake. Today, they would probably make an effort to remove the earth and rocks, but back then they had other fish to fry and they contented themselves with evacuating the spot… So what remains of the Carthusian monastery of the Chèvrerie valley is close to the water. Geological transformations of this type, and as violent as this one, are exceptional enough to be worth noting!

Bellevaux was home to Félix Meynet, a cartoon drawer who created a highly colourful character called Fanfoué (the Savoyard form of François), the archetypal old soldier, with a malicious and concupiscent eye, and a great lover of a variety of illicit liquors. With Philippe Roman, his scriptwriter, they also produced the characters of Double M, published by Dargaud, whose adventures take place in the region. " Le Trésor des Chartreux" (The Treasure of the Carthusians), the first album in the series, uses the setting of the very same Lake Vallon.

LA DRANSE ET LES STATIONS

Etant données les particularités de la géographie, il faudra prendre la direction de La Vernaz pour rejoindre la Vallée de la Dranse et les stations. On parcourra ainsi de magnifiques paysages sur des routes tortueuses à souhait… Une fois atteint le fond de vallée, il faudra choisir entre la route qui suit la Dranse de Morzine et celle qui longe la Dranse d'Abondance.

Dans les deux cas, on atteindra des stations de ski… Toutefois, si l'on s'intéresse à l'art médiéval, c'est vers Abondance qu'il faudra se diriger !

Given the particular nature of the geography, you will have to head in the direction of La Vernaz to rejoin the Dranse Valley and the resorts. This takes you through magnificent scenery along delightfully winding roads… Once you reach the bottom of the valley, you have to choose between the road which follows the Morzine Dranse and the one which goes along the Abondance Dranse.

In both cases, you will reach ski resorts. However, if you are interested in medieval art, you should definitely head towards Abondance.

ABONDANCE / LA CHAPELLE D'ABONDANCE

On a au moins trois raisons - humaines ! - d'aller jusqu'à Abondance et toutes trois portent son nom. Il s'agit de l'abbaye, du fromage et des vaches ! On y ajoutera, bien naturellement, la beauté des paysages, en été comme en hiver…

Les hommes, donc, sont à l'origine des trois premières raisons. Les moines d'abord, qui implantèrent l'abbaye dans ce site, probablement, comme il va de soi, pour y affirmer la présence divine, et, par effet induit, pour y apporter une agriculture méthodique et raisonnée, indispensable dans un tel environnement aux hivers rigoureux. On le sait, partout, à travers l'Europe occidentale, durant tout le Moyen-âge, les moines furent les vecteurs d'un indiscutable progrès dans l'agriculture et l'élevage.

Le pont de bois couvert, sur la Dranse, qui se trouvait au centre du village, fut remplacé, en 1932, par un pont de béton ; c'est bien regrettable ! Par chance, au XIXè siècle, dans la mouvance de l'Inspecteur général des monuments historiques, Prosper Mérimée (oui, oui, l'écrivain auteur de Colomba !) qui insuffla aux représentants de l'Etat la volonté de sauvegarder le patrimoine, le Préfet Ferrand entreprit de sauvegarder l'abbaye avant qu'elle ne finisse en carrière. Le cloître est orné d'admirables fresques du XVè siècle qui indubitablement, méritaient les efforts entrepris pour soustraire le bâtiment à son inévitable destin…

There are at least three reasons - human ones! - to go to Abondance, and all three bear its name. They are the abbey, the cheese and the cows! Added to these, of course, is the beauty of the scenery, both in summer and winter.

So, man is at the origin of the first three reasons. First the monks, who set up the abbey on this site, probably, it goes without saying, to affirm the divine presence; as a spin-off, they implemented a methodical system of agriculture, which was essential in such an environment of harsh winters. We know that, all across Western Europe, throughout the Middle Ages, monks were the vectors of unquestionable progress in agriculture and animal breeding.

The covered wooden bridge over the Dranse, which used to be in the centre of the village, was replaced in 1932 by a concrete bridge; this is a real pity! Fortunately, in the 19th century, under the influence of the Inspector general for historic monuments, Prosper Mérimée (yes indeed, the author of Colomba!) who encouraged the State representatives to safeguard national heritage, the prefect Ferrand undertook to safeguard the abbey and avoid it ending up in a quarry. The cloister is decorated with admirable frescoes from the 15th century which, without a doubt, merited the efforts made to save the building from its inevitable fate.

Deuxième production humaine, le fromage ! Rien de tel que le fromage pour découvrir une région ! Et, ici, on n'est pas déçu ! L'Abondance est un fromage riche, dont la saveur varie avec les saisons, l'âge, et, sans doute - mais là, il faut une subtilité gustative exceptionnelle - le lieu de production. En tout état de cause, l'AOC limite les quantités produites ce qui est un gage de constante qualité ! Accompagné d'un Ripaille, d'un Crépy, d'un Marignan ou d'un Marin - tous vins blancs chablaisiens - et d'un bon pain de campagne, l'Abondance mérite tout le respect que l'on doit aux plus belles productions humaines : cathédrales, cantates, fresques, poèmes !

Troisième création humaine : la vache d'Abondance ! Parfaitement sélectionnée pour les conditions dans lesquelles elle est utilisée, de constitution proche de celle de la Tarine, elle fait partie, elle aussi, depuis le siècle dernier, du patrimoine régional. Pour sa production laitière, certes, mais aussi, dans un cadre plus large, pour sa place dans le paysage estival… Sans oublier le rôle qu'elle joue dans l'entretien de la pelouse alpine, (terme de géographe !) autrement nommée « alpage ». A quoi ressemblerait une randonnée dans une montagne sans vache ? On se le demande !

Restent les paysages qui ne sont que partiellement œuvre humaine. Le découpage des crêtes, le creusement des vallées, ne sont dus qu'au lent travail de la nature : glaciers, eaux, vents, séismes ! Et dans le val d'Abondance, c'est évident, la nature n'a pas chômé !

And so to the second product of human enterprise, the cheese! There is nothing like cheese for discovering a region! And here you will not be disappointed. Abondance is a rich cheese, whose taste varies with the seasons, age, and, without doubt - although here you will need to have exceptionally subtle taste buds - the place where it is produced. Whatever the case, the AOC limits the amounts produced, which is a guarantee of constant quality. Accompanied by a Ripaille, a Crépy, a Marignan or a Marin - all white wines from Le Chablais - and some good farmhouse bread, Abondance deserves all the respect one owes to the finest results of human endeavours: cathedrals, cantatas, frescoes and poems!

And then the third human creation: the Abondance cow! Perfectly selected for the conditions in which it is used, with a constitution similar to that of the Tarine, it has also been part, since last century, of the regional heritage. For its milk production, obviously, but also in a wider sense, for its place in the summer scenery… Not forgetting the role it plays in maintaining the alpine grass, otherwise known as "alpage" or mountain pasture. What would a walk through the mountains be like without the cows? Now there's a thought!

Otherwise, we have the scenery, which is only partially the work of man. The carving of mountain ridges, the hewing out of valleys, are due solely to the slow work of nature: glaciers, water, winds and earthquakes. And in the Abondance valley, it is plain to see, nature has not been idle!

CHÂTEL

En poursuivant la remontée de la Dranse, on passe la Chapelle d'Abondance et l'on atteint un des paradis pour skieurs, les Portes du Soleil. Une douzaine de stations, suisses et françaises, reliées entre elles par les pistes et un réseau de remontées mécaniques, rassemblent 650 km de pistes ! Châtel, la plus haute commune du Chablais, est un des accès à cet ensemble et ce n'est que justice car c'est là qu'ouvrit une des toutes premières stations de ski de la région !

A partir de Châtel, si l'on poursuit la route, on franchit le Pas de Morgins, et l'on arrive en Suisse ! Skis aux pieds, on peut continuer sur Morzine-Avoriaz ; avec une automobile, il faut redescendre la Dranse !

Continuing our climb up the Dranse, we pass the Chapelle d'Abondance and reach one of the paradises for skiers, the Portes du Soleil or "Gateway to the Sun". A dozen resorts, both Swiss and French, joined by ski runs and a network of ski lifts, together amount to 650km of ski runs! Châtel, the highest commune in le Chablais, is one of the points of access to this complex, which is only fair, as it is one of the foremost ski resorts in the region.

Starting from Châtel, if you continue along the road, you cross the Pas de Morgins, and arrive in Switzerland. If you are wearing skis, you can carry on to Morzine-Avoriaz; if you are in a car, you have to go back down the Dranse!

LA DRANSE DE MORZINE

Afin d'éviter de redescendre au pont de Bioge où la Dranse d'Abondance rejoint celle de Morzine, on pourra prendre la route du Col de Corbier et redescendre sur Le Biot avec vue imprenable sur de saisissants paysages. Tout en remontant cette autre Dranse, on aura la possibilité de faire une halte pour découvrir les ruines de l'abbaye de Saint Jean d'Aulps. Mais si leur aspect évoque les ruines romantiques qui firent se pâmer les poètes qui méditaient sur la fuite inexorable du temps, la réalité est plus prosaïque : elle servit tout bonnement de carrière pendant des siècles !

In order to avoid going back down to the Bioge bridge, where the Abondance Dranse joins the Morzine one, you can take the Col de Corbier road and go back down to Le Biot, with an unrestricted view of spectacular scenery. By going up this other Dranse, you will have the possibility of stopping to discover the ruins of the abbey of Saint Jean d'Aulps. But although their appearance summons up the romantic ruins which caused poets to be in raptures as they meditated on the inexorable flight of time, the reality is more prosaic: for centuries it was used quite simply as a quarry!

MONTRIOND

On arrive ensuite à Montriond, dont le nom viendrait du latin Mons rotondus, le mont rond. Le village possède un clocher qui, quoique ressemblant aux clochers traditionnels en Savoie, en diffère assez nettement par un dôme de section carrée, surmonté d'un lanternon octogonal surmonté à son tour, par une sorte de couronne à claire-voie.

Dans les bois proches, le long d'une des routes conduisant à Avoriaz, se situe un lac plein de charme, notamment en hiver. Dans ce secteur, on pratique largement le ski de fond et depuis peu la raquette ; plus paisibles que le ski de piste, ces deux sports s'adressent souvent à des gens qui n'ont pas pu apprendre le ski durant leur jeunesse et bénéficient ainsi des charmes de l'hiver, avec une « glisse » réduite à son minimum. La raquette permet, en outre, de sortir des sentiers battus, ne serait-ce qu'en empruntant les chemins non déneigés. Si l'on poursuit, le long du lac, en direction du col de la Joux Verte et d'Avoriaz, on passe près de la cascade d'Ardent alimentant le lac, puis on traverse le hameau des Lindarets où l'animation estivale est assurée par un troupeau de chèvres chamoisées, délurées, qui viennent quémander, sans vergogne, de la nourriture auprès des touristes et lécher la sueur salée des cyclistes.

Next you arrive at Montriond, whose name is believed to come from the Latin Mons rotondus, the round mountain. The village has a church tower which, although it resembles the traditional church towers in Savoy, differs from them quite clearly with its square-sectioned dome, topped by a an octagonal lantern topped, in turn, by a sort of openwork crown.

In the nearby woods, along one of the roads leading to Avoriaz, there is a lake full of charm, particularly in winter. In this sector, the most popular skiing is cross-country skiing and, more recently, snowshoe; more gentle than downhill skiing, these two sports are often aimed at people who have not been able to learn how to ski in their youth and can thus take advantage of the charms of winter, with "slipping and sliding" reduced to a minimum. Snowshoe also allows you to get off the beaten track, although obviously only on tracks where the snow has not been removed. If you carry on, along the lake, in the direction of the col de la Joux Verte and Avoriaz, you pass by the Ardent falls which feed the lake, before crossing the hamlet of Les Lindarets: here, summer entertainment is guaranteed by a herd of impertinent chamois goats, who come shamelessly to beg for food from the tourists and to lick the salty sweat from the cyclists!

A
V
O
R
I
A
Z

Avoriaz (ne surtout pas prononcer le z final !) est connu pour deux raisons : son architecture et les lacets, régulièrement empruntés par le tour de France, qui permettent d'y accéder depuis Morzine. Ah oui ! il ne faut oublier aussi le fait qu'on y entre sans voiture et que chaque année le festival d'Avoriaz attire tout ce qui compte dans le monde du cinéma !

Originale, l'architecture l'est, c'est le moins que l'on puisse dire ! Depuis 1966, elle ne laisse personne indifférent, soit qu'on l'admire, soit qu'on la déteste ! De toute manière, perchée sur la falaise, elle vaut le coup d'œil… A chacun de se faire une idée !

Avoriaz (do not under any circumstances pronounce the final z!) is famous for two reasons: its architecture and the winding roads regularly used by the Tour de France, which give access to it from Morzine. Oh yes! And we must not forget that it is entered without a car and that every year the Avoriaz festival attracts everyone who is anyone in the world of cinema!

Original is the least one can say about the architecture. Since 1966, it has left no one indifferent: you either love it or you hate it! In any case, perched up there on the cliff, it is worth a look… Then everyone can make up his or her own mind!

MORZINE

Dans le passé, Morzine produisit de manière intense des ardoises et, de manière diffuse, des possédées. C'est durant le Second Empire que les possessions, plus ou moins diaboliques, plus ou moins hystériques, firent la célébrité du lieu et, après l'Annexion de 1860, amenèrent l'installation d'une gendarmerie et d'un détachement d'infanterie qui boutèrent le diable et ses complices hors de la commune. Il faut dire que les pamoisons, et autres convulsions, qui avaient animé une cérémonie de confirmation assurée par l'évêque, avaient fait « très mauvais genre », surtout pour la bigote Eugénie de Montijo, épouse de Napoléon III !

De nos jours, à Morzine, on se livre, bien plus placidement, à l'élevage bovin et à l'hébergement touristique. Dès après la seconde guerre mondiale le ski, et la construction du téléphérique, attirèrent les gens fortunés qui, après les eaux, allèrent à la neige puis, naturellement, avec la démocratisation, le mouvement s'accentua durant les Trente Glorieuses. Toutefois, les alentours sont tout aussi aptes au tourisme estival : cyclotourisme, VTT, randonnées pédestres, trouveront un cadre parfait pour satisfaire les exigences de leurs pratiquants !

In the past, Morzine was a heavy producer of slates and a vague producer of possessed people. It was during the Second Empire that possessions, more or less diabolical, more or less hysterical, made the place famous and, after Annexation in 1860, led to the setting up of a gendarmerie and an infantry detachment to drive the devil and his accomplices out of the commune. It has to be said that swooning episodes, and other convulsions, which had animated a confirmation ceremony carried out by the bishop, were very badly looked on, especially by the sanctimonious Eugénie de Montijo, wife of Napoleon III!

Nowadays in Morzine, the activities are the much more placid ones of dairy farming and providing accommodation for tourists. Once the Second World War was over, skiing, and the building of the cable car, drew in the well-off who, after the waters, headed for the snow; naturally, with democratisation, the movement became more pronounced during les Trente Glorieuses (the boom period after the war). However, the surroundings were also suitable for summer tourism: cycling tourism, mountain biking, walking and hiking found a perfect setting to satisfy the demands of devotees of these activities.

LES GETS

La Route des Grandes Alpes, de Thonon à Menton, permettra d'atteindre Les Gets, limite extrême du Chablais, juste avant d'accéder au Faucigny vers lequel on peut descendre par la D 902 ou, si l'on pratique le vélo, par la D 307, que l'on prendra au « Pont des Gets » et qui, tout en étant peu fréquentée, passe dans un paysage plus sauvage.

Les toponymies fantaisistes, pour ne pas dire fantastiques, sont pleines de surprises… Ainsi de nombreux auteurs, et non des moindres, rapportent-ils que « gets » viendrait de juif car ce village aurait été peuplé par des Juifs venus de Toscane, au XIVè ou XVè siècle (personne n'a le même avis sur ce point !), chassés par la peste, ou accusés de l'avoir propagée en empoisonnant les fontaines (accusation fréquente au Moyen Age !). Béatrix de Faucigny, les ayant pris en pitié, leur aurait accordé l'asile dans une partie de ses terres inhabitées. La plupart des auteurs, tels qu'Estella Canziani (une anglaise qui a parcouru la Savoie - nous parlons ici de l'ensemble composé de ce que l'Etat français nomme départements de la Savoie et de la Haute-Savoie - au tout début du XXè siècle), ou encore Arnold Van Gennep (inventeur de l'ethnologie régionale), insistent bien sur le caractère fantasmatique de cette étymologie, mais elle continue à être propagée comme si elle avait un fond de vérité ! En réalité, le nom est tout simplement de la même famille Gy, Giettaz, Gex, noms désignant une sente dans les bois…

Dès 1936, Les Gets s'étaient équipés de remontées mécaniques débrayables, faisant de la station l'une des plus modernes des Alpes. Elle fait aussi partie des Portes du Soleil comme Morzine-Avoriaz ou Châtel.

Mais le plus étonnant aux Gets, où l'on ne serait pas surpris de trouver un musée de la neige et des sports d'hiver, c'est la présence d'un musée de la musique mécanique que l'on aurait attendu dans un contexte plus urbain… Cette présence explique, évidemment l'existence d'une place limonaire, ce dernier nom est celui, vieilli, de l'orgue de Barbarie qui est l'archétype même de l'instrument mécanique. S'y ajoutent des boîtes à musiques, des pianos mécaniques et pneumatiques, des automates, des phonographes, près de 400 « instruments » présentés dans le contexte de leur époque, faisant du musée des Gets l'un des plus importants d'Europe dans son domaine !

Gardons la fin pour les fines bouches : la Fruitière des Perrières se visite tous les mercredis à 8h30 et il s'y produit un Abondance, un Reblochon et une Tomme qui valent le déplacement matinal !

The Route des Grandes Alpes, from Thonon to Menton, allows you to reach Les Gets, the outer limit of Le Chablais, just before you get to Faucigny: you can head down here along the D902 or, if you are a cycling enthusiast, along the D307, which you will take at the "Pont des Gets". This is a quiet road passing through a wilder landscape.

The fanciful, not to say fantastic, place names are full of surprises… Numerous authors, and major ones at that, report that "gets" comes from "Jew" because the village had been peopled by Jews arriving from Tuscany, in the 14th or 15th century (nobody has the same opinion on this point!), forced to leave because of the plague, or accused of having propagated it by poisoning the fountains (a frequent accusation in the Middle Ages!). Béatrix de Faucigny, having taken pity on them, is supposed to have granted them asylum in a part of her inhabited lands. The majority of authors, such as Estella Canziani (an Englishwomen who travelled around Savoy - we are talking here about the whole formed of what the French state calls departments of Savoy and Haute-Savoie - right at the beginning of the 20th century), or Arnold Van Gennep (inventor of regional ethnology), insist on the fantastical nature of this etymology, but it continues to be spread as though it had some basis in truth. In reality, the name is quite simply from the same family Gy, Giettaz, Gex, names meaning a path in the woods…

Since 1936, Les Gets have had clutch mechanism ski lifts, making the resort one of the most modern in the Alps. It is also part of the Portes du Soleil like Morzine-Avoriaz and Châtel.

But the most surprising thing about Gets, where you would not be surprised to find a museum devoted to snow and winter sports, is the presence of a museum of mechanical music which you would have expected to find in a more urban context. This presence obviously explains the existence of a place limonaire, as "limonaire" is the old name for the barrel organ which is the very archetype of the mechanical instrument. Added to this are music boxes, mechanical and pneumatic pianos (Pianolas), automata and phonographs: almost 400 "instruments" presented in the context of their period, making the Gets museum one of the largest in Europe in its field!

Let's save the last word for lovers of fine food: la Fruitière des Perrières can be visited every Wednesday at 8.30 a.m. and produces Abondance, Reblochon and a Tomme cheese which are well worth getting up in the morning for!

GENEVOIS

ANNEMASSE
Mairie - BP 530
74107 Annemasse Cedex
✆ 04 50 95 07 00
Fax 04 50 95 07 01
www.mairie-annemasse.fr

Office de Tourisme
Place de la Gare
✆ 04 50 95 07 10
Fax 04 50 37 11 71
✉ ot@annemasse-agglo-tourisme.com
www.annemasse-agglo-tourisme.com

GAILLARD
Mairie
74240 Gaillard
✆ 04 50 39 76 30
Fax 04 50 39 71 80
✉ mgaillard@gaillard.mairies74.org

VETRAZ-MONTHOUX
Mairie
74100 Vetraz-Monthoux
✆ 04 50 37 32 09
Fax 04 50 38 18 24
✉ accueil@vetraz-monthoux.fr
www.vetraz-monthoux.fr

AMBILLY
Mairie - BP 722
74100 Ambilly Cedex
Tel 04 50 38 05 26
Fax 04 50 95 27 19
www.ambilly.fr

VILLE-LA-GRAND
Mairie - BP 400
74108 Ville-la-Grand Cedex
Tel 04 50 84 24 24
Fax 04 50 38 49 89
www.mairie-ville-la-grand.fr

ETREMBIERES/SALEVE
Mairie
59, place Marc Lecourtier
74100 Etrembières
✆ 04 50 92 04 01
Fax 04 50 87 29 88
www.etrembieres74.com

Téléphérique du Salève
✆ 04 50 39 86 86
Fax 04 50 39 83 85

ARCHAMPS
Mairie - BP 40 - ARCHAMPS
74165 Collonges-sous-Salève
✆ 04 50 43 62 18
Fax 04 50 43 68 13
✉ accueil@mairie-archamps.fr
www.mairie-archamps.fr

SAINT-JULIEN-EN-GENEVOIS
Mairie - BP 4103
1 Place du Général de Gaulle

74160 Saint-Julien-en-Genevois
✆ 04 50 35 14 14
Fax 04 50 35 37 61
✉ info@saint-julien-en-genevois.fr
www.sant-julien-en-genevois.fr

Office du Tourisme
2, place du Crêt
✆ 04 50 04 71 63
Fax 04 50 04 89 76
www.tourisme-genevois.fr

FEIGERES
Mairie
152, chemin des Poses du Bois
74160 Feigères
✆ 04 50 49 24 60
Fax 04 50 49 13 10

FRANGY
Mairie
19, rue du Grand Port
74270 Frangy
✆ 04 50 44 75 96
Fax 04 50 32 20 98
✉ mairie@frangy.fr
www.frangy.fr

Office de Tourisme (VAL DES USSES)
✆ 04 50 32 26 40
Fax 04 50 32 26 40
✉ ot.frangy@wanadoo.fr
www.usses-et-bornes74.com

Musée de la Vache et de l'Alpage
✆ 04 50 32 27 02
Fax 04 50 22 59 06

ALLONZIER-LA-CAILLE
Mairie
129, route Sous-le-Mont
74350 Allonzier-la-Caille
✆ 04 50 46 83 29
Fax 04 50 46 84 46
www.allonzierlacaille.fr

Pont de la Caille
✆ 04 50 44 20 92

CRUSEILLES
Mairie
74350 Cruseilles
✆ 04 50 32 10 33
Fax 04 50 44 07 36
✉ mairie@cruseilles.fr
www.cruseilles.fr

Point d'Information Touristique
✆ 04 50 44 20 92
Fax 04 50 44 07 36
www.usses-et-bornes.fr

REIGNIER/ESERY
Mairie - BP 09
74930 Reignier-Esery
✆ 04 50 43 40 03
Fax 04 50 43 47 62
✉ accueil@mairie-reignier.fr

Syndicat d'Initiative
✆ 04 5043 40 03
Fax 04 50 43 97 62
✉ reignier@wanadoo.fr

BASSIN D'ANNECY

ANNECY
Mairie - BP 2305
74011 Annecy Cedex
✆ 04 50 33 88 88
Fax 04 50 52 88 50
✉ info@ville-annecy.fr
www.ville-annecy.fr

Office de Tourisme
1, place Jean Jaurès
74000 Annecy
✆ 04 50 45 00 33
Fax 04 50 51 87 20
✉ info@annecy-tourisme.com
www.lac-annecy.com

Musée du Palais de l'Isle
✆ 04 50 33 87 30
✉ musees@ville-annecy.fr

Conservatoire d'Art et Histoire
✆ 04 50 51 02 33
www.cg74.fr

Musée Château d'Annecy
✆ 04 50 33 87 30
✉ musees@ville@annecy.fr

VEYRIER DU LAC
Mairie
74290 Veyrier-du-Lac
✆ 04 50 60 10 13
Fax 04 50 60 00 90
www.veyrier-du-lac.fr

Office de Tourisme
✆ 04 50 60 22 71
Fax 04 50 60 00 90
✉ veyrierdulactourisme@wanadoo.fr
www.rivepleinsoleil.com

MENTHON SAINT BERNARD
Mairie
74290 Menthon-Saint-Bernard
✆ 04 50 60 12 88
Fax 04 50 60 07 60
✉ mairie-menthon@wanadoo.fr

Office de Tourisme
✆ 04 50 60 14 30
Fax 04 50 60 22 19
✉ menthonsaintbernardtourisme@wanadoo.fr
www.lac-annecy.com

Château de Menthon-Saint-Bernard
✆ 04 50 60 12 05
Fax 04 50 60 27 57
www.château-de-menthon.com

TALLOIRES
Mairie
74290 Talloires
✆ 04 50 60 70 42
Fax 04 50 60 77 73
✉ commune.de.talloires@wanadoo.fr

Office de Tourisme
✆ 04 50 60 70 64
Fax 04 50 60 76 59
✉ info@talloires.fr
www.talloires.fr

Réserve naturelle du Roc de Chère
✆ 04 50 64 44 03
www.asters-asso.fr

FAVERGES
Mairie
98, rue de la République
74210 Faverges
✆ 04 50 32 57 57
Fax 04 50 32 57 58
✉ mairie@faverges.fr
www.faverges.fr

Office de Tourisme Communautaire
Pays des Sources du Lac d'Annecy
✆ 04 50 44 60 24
Fax 04 50 44 45 96
✉ tourisme@pays-de-faverges.com
www.pays-de-faverges.com

Exposition de Papillons et d'Insectes
✆ 04 50 44 60 24
www.pays-de-faverges.com

Musée Archéologique de Viuz
✆ 04 50 32 45 99
www.viuz.sav.org

Cascade de Seythenex
✆ 04 50 44 55 97
✉ info@cascade.fr
www.cascade.fr

DOUSSARD
Mairie
74210 Doussard
✆ 04 50 44 30 45
Fax 04 50 44 81 75
✉ mairie.doussard@wanadoo.fr

Point Information Tourisme
✆ 04 50 44 81 69
Fax 04 50 44 81 75

Réserve Naturelle du Bout du Lac
✆ 04 50 64 44 03

DUINGT
Mairie
19, rue du Vieux Village
74410 Duingt
✆ 04 50 68 67 07
Fax 04 50 77 03 17
www.duingt.fr

Point Information Tourisme
108, rue du Vieux Village
✆ 04 50 77 64 75
Fax 04 50 77 03 17
www.lac-annecy.com

SAINT JORIOZ
Mairie
74410 Saint Jorioz
✆ 04 50 68 60 44
Fax 04 50 68 98 60
✉ info@saint-jorioz.fr
www.saint-jorioz.fr

Office de Tourisme
Route de l'Eglise
✆ 04 50 68 96 11
✉ info@visit-lacannecy.fr
www.lac-annecy.com

SEVRIER
Mairie
2000, route d'Albertville
74320 Sevrier
✆ 04 50 19 01 10
Fax 04 50 19 01 20

Office de Tourisme
✉ info@visit-lacannecy.fr
www.lac-annecy.com

Musée de la Cloche et Fonderie Paccard
✆ 04 50 52 47 11

Musée du Costume Savoyard
✆ 04 50 52 41 05
www.echo-de-nos-montagnes.com

ANNECY LE VIEUX
Mairie
Place Gabriel Fauré - BP 249
74942 Annecy-le-Vieux Cedex
✆ 04 50 23 86 00
Fax 04 50 23 86 05
✉ info@mairie-annecy-le-vieux.fr
www.ville-annecy-le-vieux.fr

Point d'Information Tourisme
✆ 04 50 23 86 42
Fax 04 50 66 04 25
✉ communication@mairie-annecy-le-vieux.fr
www.mairie-annecy-le-vieux.fr

ARGONAY
Mairie
74370 Argonay
✆ 04 50 27 16 82
Fax 04 50 27 36 82
✉ mairie.argonay@wanadoo.fr

METZ TESSY
Mairie
15, rue de la Grenette
74370 Metz-Tessy
✆ 04 50 57 16 72
Fax 04 50 27 37 26
✉ mairie@mairie-metz-tessy.fr

Aéroport d'Annecy
8, route de Côte Merle
✆ 04 50 27 30 06
Fax 04 50 27 39 83
✉ cciaero@haute-savoie.cci.fr
www.annecy.aeroport.fr

VILLAZ
Mairie
74370 Villaz
✆ 04 50 60 61 64
Fax 04 50 60 66 73
✉ mairie@villaz.fr
www.villaz.fr

EPAGNY
Mairie
143, rue de la République
74330 Epagny
✆ 04 50 22 04 71
Fax 04 50 22 61 67

LA BALME DE SILLIGNY
Mairie
13 route de Choisy
74330 La Balme de Silligny
✆ - Fax 04 50 68 89 02
✉ info@labalmedesilligny.fr
www.labalmedesilligny.fr

Office de Tourisme
✆ 04 50 68 78 70
Fax 04 50 68 53 29
✉ si.labalme@wanadoo.fr
www.labalmedesilligny-hautesavoie.com

POISY
Mairie
75, route d'Annecy - B.P. 11
74334 Poisy Cedex
✆ 04 50 46 20 11
Fax 04 50 46 34 48
✉ mairie-poisy@wanadoo.fr
www.poisy.fr

MEYTHET
Mairie - BP 1002
74966 Meythet Cedex
✉ communication@mairie-meythet.fr
www.mairie-meythet.fr

CRAN GEVRIER
Mairie
46, avenue de la République
74960 Cran-Gevrier
✆ 04 50 88 67 00
Fax 04 50 67 47 89
✉ mairie@ville-crangevrier.fr
www.ville-crangevrier.fr

SEYNOD
Mairie - BP 25
27, avenue de Champs Fleuri
74600 Seynod
✆ 04 50 33 45 00
Fax 04 50 52 15 74
✉ mairie@ville-seynod.fr
www.ville-seynod.fr

Musée des Trois Guerres
✆ 04 50 52 78 89

ALBANAIS

SEYSSEL
Mairie
24, place de l'Orme
74910 Seyssel
✆ 04 50 59 27 67
Fax 04 50 59 00 59
✉ administration@seyssel.mairies74.org

Office de Tourisme - Maison de Pays
2, chemin de la Fontaine
✆ 04 50 59 26 56
Fax 04 50 56 21 94
✉ otseyssel@wanadoo.fr
www.usses-et-bornes74.com

CLERMONT
Mairie
74270 Clermont
✆ - Fax 04 50 69 63 69

Château de Clermont
✆ 04 50 69 63 15
www.hautesavoie-tourisme.com

RUMILLY
Mairie - BP 100
74150 Rumilly
✆ 04 50 64 69 20
Fax 04 50 64 69 21
✉ info@mairie-rumilly74.fr
www.mairie-rumilly74.fr

Office de Tourisme de l'Albanais
✆ 04 50 64 58 32
Fax 04 50 01 03 53
✉ albanais@ot-albanais74.fr
www.ot-albanais74.fr

Musée de l'Albanais
✆ 04 50 01 19 53

Les Jardins Secrets
✆ 04 50 60 53 18
www.jardins-secrets.com

ALBY SUR CHERAN
Mairie
4, rue Etroite
74540 Alby-sur-Chéran
✆ 04 50 68 10 10
Fax 04 50 68 14 95
✉ accueil@mairie-alby-sur-cheran.fr
www.mairie-alby-sur-cheran.fr

Office de Tourisme
Musée de la Coordonnerie
✆ 04 50 68 39 44
Fax 04 50 68 14 95
✉ albanais@ot-albanais74.fr
www.ot-albanais74.fr
✉ musee@alby-sur-cheran.mairies74.org

LOVAGNY - MONTROTTIER
Mairie
50 route de Poisy
74330 Lovagny
✆ - Fax 04 50 46 23 37
✉ malovagn@lovagny.mairies74.org

Château de Montrottier
✆ 04 50 46 23 02
Fax 04 50 46 11 48
✉ info@chateaudemontrottier.com
www.chateaudemontrottier.com

Gorges du Fier
✆ 04 50 46 23 07
Fax 04 50 09 85 37
www.gorgesdufier.com

PAYS DU MONT-BLANC

SALLANCHES
Mairie - BP 117
74706 Sallanches Cedex
✆ 04 50 91 27 27
Fax 04 50 91 27 28
✉ mairie.de.sallanches@wanadoo.fr
www.ville-sallanches.fr

Office de Tourisme
31, quai de l'Hôtel de Ville - BP 2
✆ 04 50 58 04 25
Fax 04 50 58 38 47
✉ tourisme@sallanches.com
www.sallanches.com

Centre de la Nature Montagnarde
Château des Rubins
✆ 04 50 58 32 13
www.rubinsnature.asso.fr

COMBLOUX
Mairie - BP 39
74920 Combloux
✆ 04 50 58 60 32
Fax 04 50 93 31 09
www.combloux.mairies74.org

Office de Tourisme
59, chemin des Passerades - BP 59
74920 Combloux
✉ combloux@wanadoo.fr
www.combloux.com

MEGEVE
Mairie
1, place de l'Eglise
74120 Megève
✆ 04 50 93 29 29
Fax 04 50 93 07 79
✉ info@megeve.fr
www.megeve.fr

Office de Tourisme - Maison des Frères
Rue Monseigneur Conseil
✆ 04 50 21 27 28
Fax 04 50 93 03 09
✉ megeve@megeve.com
www.megeve.com

Musée du Haut Val d'Arly
✆ 04 50 91 81 00

LES CONTAMINES-MONTJOIE
Mairie
4, route Notre Dame de la Gorge
74170 Les Contamines-Montjoie
✆ 04 50 47 00 20
Fax 04 50 47 09 70
✉ info@mairie-lescontamines.com
www.mairie-lescontamines.com

Office de Tourisme
✆ 04 50 47 01 58
Fax 04 50 47 09 54
✉ info@lescontamines.com
www.lescontamines.com

Sentier des Eglises du Baroque
www.lescontamines.com

SAINT-GERVAIS-LES-BAINS/LE FAYET
Mairie - BP 43
50, avenue du Mont-Arbois
74170 Saint-Gervais-les-Bains
✆ 04 50 47 75 66
Fax 04 50 47 75 73
✉ mairie.stgervais@wanadoo.fr
www.saintgervaislesbains.fr

Office de Tourisme
✆ 04 50 47 76 08
Fax 04 50 47 75 69
✉ welcome@st-gervais.net
www.st-gervais.net

Tramway du Mont-Blanc
Avenue de la Gare
74170 Le Fayet
✆ 04 50 47 51 83
www.compagniedumontblanc.fr

PASSY
Mairie
74190 Passy
✆ 04 50 78 00 03
Fax 04 50 93 67 61

Office de Tourisme - Plateau d'Assy
1133, avenue Jacques Arnaud
✆ 04 50 58 80 52
Fax 04 50 93 83 74
✉ info@passy-mont-blanc.com
www.passy-mont-blanc.com

Eglise Notre-Dame-de-toute-Grace
74190 Passy
✆ 04 50 58 80 52
www.passy-mont-blanc.com

Réserve Naturelle de Passy
✆ 04 50 93 87 54

SERVOZ
Mairie
74310 Servoz
✆ 04 50 47 21 51
Fax 04 50 47 27 04

Office de Tourisme
✆ 04 50 47 21 68
Fax 04 50 47 27 06
✉ info@servoz.com
www.servoz.com

La Maison de l'Alpage
✆ 06 30 07 20 42
✉ maisonalpage@servoz.com

Gorges de la Diosaz
✆ 04 50 47 21 13
www.servoz.com

LES HOUCHES
Mairie - BP 1
74310 Les Houches
✆ 04 50 54 40 04
Fax 04 50 54 55 22
✉ info@leshouches.fr
www.leshouches.fr

Office de Tourisme - BP 9
✆ 04 50 55 50 62
Fax 04 50 55 53 16
✉ info@leshouches.com
www.leshouches.com

Musée Montagnard et Rural
✆ 04 50 54 54 74

Parc Animalier de Merlet
✆ 04 50 53 47 89

CHAMONIX
Mairie - BP 89
74400 Chamonix Mont-Blanc
✆ 04 50 53 11 13
Fax 04 50 53 87 20
✉ info@chamonix-mont-blanc.fr
www.chamonix-mont-blanc.fr

Office de Tourisme - BP 25
85, place du Triangle de l'Amitié
✆ 04 50 53 00 24
Fax 04 50 53 58 90
✉ info@chamonix.com
www.chamonix.com

Musée Alpin
✆ 04 50 53 25 93
✉ chamonix.musee-alpin@chamonix.com

Glacier des Bossons
✆ 04 50 53 03 89
✉ info@montblanc.to
www.montblanc.to

Train de Montenvers – Mer de Glace
✆ 04 50 53 22 75
www.compagniedumontblanc.fr

Téléphérique de l'Aiguille du Midi
✆ 04 50 53 22 75
www.compagniedumontblanc.fr

LE FAUCIGNY

BONNE SUR MÉNOGE
Mairie
479, rue de Chenaz
74380 Bonne
✆ 04 50 39 21 51
Fax 04 50 36 22 47
✉ accueil@bonne.fr
www.bonne.fr

VIUZ EN SALLAZ
Mairie - BP 17
74250 Viuz-en-Salaz
✆ 04 50 36 80 39
Fax 04 50 36 95 75
✉ accueil.population@viuz-en-sallaz
www.viuz-en-sallaz.fr

Office de Tourisme
✆ 04 50 36 86 24
Fax 04 50 36 99 29
✉ ot-viuzensallaz@wanadoo.fr
www.alpesduleman.com

Ecomusée Paysalp - Musée Paysan
✆ 04 50 36 89 18
www.paysalp.asso.fr

SAINT JEOIRE
Mairie
156, rue du Faucigny
74490 Saint Jeoire
✆ 04 50 35 80 05
Fax 04 50 35 98 95
✉ mairie-saintjeoire@wanadoo.fr
www.saint-jeoire.fr

Office de Tourisme
Rue du Faucigny
74490 Saint Jeoire
✆ 04 50 35 91 83
Fax 04 50 35 8158
www.lesbrasses.com

TANINGES
Mairie
Avenue de Thézières
74440 Taninges
✆ 04 50 34 20 22
Fax 04 50 34 85 84

Office de Tourisme
✆ 04 50 34 25 04
Fax 04 50 34 83 96
✉ ot@taninges.com
www.taninges.com

Chartreuse de Mélan
✆ 04 50 34 25 05

SAMOËNS
Mairie
Place des Dents Blanches
74340 Samoëns
✆ 04 50 34 42 38
Fax 04 50 34 11 45

Office de Tourisme - BP 42
✆ 04 50 34 40 28
Fax 04 50 34 95 82
✉ info@samoens.com
www.samoens.com

Jardin Alpin la Jaÿsinia
✆ 04 50 34 49 86

LA ROCHE SUR FORON
Mairie
74800 La Roche sur Foron
✆ 04 50 25 90 00
Fax 04 50 25 94 25
✉ mairie@larochesurforon.fr
www.larochesurforon.fr

Office de Tourisme
Place Andrevetan
✆ 04 50 03 36 68
Fax 04 50 03 31 38
✉ info@larochesurforon.com
www.larochesurforon.com

Musée de la Poterie Savoyarde
✆ 04 50 62 01 90
www.larochesurforon.com

SAINT PIERRE EN FAUCIGNY
Mairie - BP 307
74807 Saint Pierre en Faucigny
✆ 04 50 03 70 23
Fax 04 50 03 79 95
✉ mairie@saint-pierre.mairies74.org

CONTAMINE SUR ARVE
Mairie
74130 Contamine-sur-Arve
✆ 04 50 03 62 01
Fax 04 50 03 68 90

Prieuré de Contamine-sur-Arve
✆ 04 50 35 85 18

BONNEVILLE
Mairie
74130 Bonneville
✆ 04 50 25 22 00
Fax 04 50 25 22 46
www.bonneville.fr

Office de Tourisme
✆ 04 50 97 38 37
Fax 04 50 97 19 33
✉ officetourismebonneville@wanadoo.fr

Musée de la Résistance
✆ 04 50 97 07 48

MARIGNIER
Mairie
74970 Marignier
✆ 04 50 34 60 22
Fax 04 50 34 68 77
www.marignier.free.fr

Syndicat d'Initiative
✆ 04 50 34 62 45
Fax 04 50 34 68 77

THYEZ
Mairie
74300 Thyez
✆ 04 50 98 60 92
Fax 04 50 98 49 49
www.thyez.net

Office de Tourisme - Forum des Lacs
369, rue des Sorbiers
✆ - Fax 04 50 96 33 30

AYZE
Mairie
3, route de Marignier
74300 Ayze
✆ 04 50 97 04 21
Fax 04 50 25 28 42
✉ mairie.ayze@wanadoo.fr

MARNAZ
Mairie
74460 Marnaz
✆ 04 50 98 35 05
Fax 04 50 98 65 07
✉ mairiedemarnaz@wanadoo.fr
www.mairiedemarnaz.fr

SCIONZIER
Mairie
Place du Foron
74950 Scionzier
✆ 04 50 98 03 53
Fax 04 50 98 96 99
www.scionzier.fr

CLUSES
Mairie
1, place Charles de Gaulle
74300 Cluses
✆ 04 50 96 69 00
Fax 04 50 96 69 01
✉ mairie@cluses.com
www.cluses.com

Office de Tourisme
Espace Carpano & Pons
100, place du 11 Novembre
✆ 04 50 98 31 79
Fax 04 50 96 46 99
✉ ot@cluses.com
www.cluses.com

Maison des Techniques de
l'Horlogerie et du Décolletage
✆ 04 50 89 13 02
www.cluses.com

ARACHES/LES CARROZ
Mairie
64, route de Frévuard
74300 Araches-la-Frasse
✆ 04 50 90 03 40
Fax 04 50 90 07 63

Office de Tourisme
9, place de l'Ambiance
74300 Les Carroz
✆ 04 50 90 00 04
Fax 04 50 90 07 00
✉ carroz@lescarroz.com
www.lescarroz.com

FLAINE
Office de Tourisme
74300 Flaine
✆ 04 50 90 80 01
Fax 04 50 90 86 26
✉ welcome@flaine.com
www.flaine.com

MAGLAND
Mairie
1021, route Nationale - BP 14
74300 Magland
✆ 04 50 89 48 10
Fax 04 50 89 48 19
✉ marie@magland.fr
www.magland.fr

LES BORNES ET ARAVIS

THONES
Mairie
74230 Thônes
✆ 04 50 02 91 72
Fax 04 50 02 98 99
✉ accueil@mairie-thones.fr
www.mairie-thones.fr

Office de Tourisme
✆ 04 50 02 00 26
Fax 04 50 02 11 87
✉ info@thones-valsulens.com
www.thones-valsulens.com

Ecomusée du Bois
✆ 04 50 32 18 10
www.ecomuseedubois.com

Musée Départemental de la Resistance
✆ 04 50 32 18 38

Musée du Pays de Thônes
✆ 04 50 02 96 92

MANIGOD
Mairie
74230 Manigod
✆ 04 50 44 90 20
Fax 04 50 44 93 58
✉ mariel@mairie-manigod.fr

Office de Tourisme
✆ 04 50 44 92 44
Fax 04 50 44 94 68
✉ infos@manigod.com
www.manigod.com

Orgue de Manigod - Eglise
✆ 04 50 44 92 44

LA CLUSAZ
Mairie - BP 6
7420 La Clusaz
✆ 04 50 32 65 20
Fax 04 50 32 65 21
✉ accueil-dgs@laclusaz-mairies74.org
www.laclusaz.fr

Office de Tourisme
161, place de l'Eglise
✆ 04 50 32 65 00
Fax 04 50 32 65 01
✉ infos@laclusaz.com
www.laclusaz.com

ST. JEAN DE SIXT
Mairie
74450 Saint Jean de Sixt
✆ 04 50 02 24 12
Fax 04 50 02 31 03
✉ accueil@saintjeandesixt.mairies.org

Office de Tourisme - Maison des Aravis
✆ 04 50 02 70 14
Fax 04 50 02 78 78
✉ infos@saintjeandesixt.com
www.saintjeandesixt.com

LE GRAND BORNAND
Mairie
Chemin Forestier
74450 Le Grand Bornand
✆ 04 50 02 78 20
Fax 04 50 02 78 21
✉ info@mairielegrandbornand.com
www.legrandbornand.fr

Office de Tourisme
Place de l'Eglise
✆ 04 50 02 78 00
Fax 04 50 02 78 01
✉ infos@legrandbornand.com
www.legrandbornand.com

Maison du Patrimoine
✆ 04 50 02 79 18

LE REPOSOIR
Mairie
Pralong
74950 Le Reposoir
✆ - Fax 04 50 98 17 12

Syndicat d'Initiative
✆ - Fax 04 50 98 18 01

Chartreuse du Reposoir
✆ 04 50 98 18 01

THORENS-GLIERES
Mairie
74570 Thorens-Glières
✆ 04 50 22 40 15
Fax 04 50 22 82 50
✉ info@thorens-glieres74.org
www.thorens-glieres.fr

Office de Tourisme Intercommunal
du Pays de la Fillière
✆ 04 50 22 40 31
Fax 04 50 22 84 30
✉ tourisme@paysdefilliere.com
www.paysdefilliere.com

Château de Thorens-Glières
✆ 04 50 22 42 02

Plateau des Glières
✆ 04 50 51 87 00

CHABLAIS

EVIAN LES BAINS
Hôtel de Ville
2, rue de la Source de Clermont
74500 Evian-les-Bains
✆ 04 50 83 10 00
Fax 04 50 83 10 03
✉ courier@ville-evian.fr
www.ville-evian.fr

Office de Tourisme
Place d'Allinges
✆ 04 50 75 04 26
Fax 04 50 75 61 08
✉ info@eviantourisme.com
www.eviantourisme.com

Musée du Pré
✆ 04 50 83 10 00
www.ville-evian.fr

Jardin d'Eau de Pré Curieux
✆ 04 50 75 04 26
www.eviantourisme.com

PUBLIER/AMPHION
Mairie
Place 8 Mai
74500 Publier
✆ 04 50 70 82 14
Fax 04 50 70 84 26

Office de Tourisme
215, Rue de la Plage
✆ 04 50 70 00 63
Fax 04 50 70 03 03
✉ contact@ot-publier.com
www.ot-publier.com

Réserve du Delta de la Dranse
✆ 04 50 81 49 79
www.thononlesbains.com

THONON LES BAINS
Mairie
74200 Thônon-les-Bains
✆ 04 50 70 69 68
Fax 04 50 70 69 54
✉ mairie@ville-thonon.fr
www.ville.thonon.fr

Office de Tourisme
Place du Marché
✆ 04 50 71 55 55
Fax 04 50 26 68 33
✉ thonon@thononlesbains.com
www.thononlesbains.com

Musée du Chablais
✆ 04 50 71 56 34
✉ culture@ville-thonon.fr

Ecomusée de la Pêche et du Lac
✆ 04 50 70 69 49
✉ culture@ville-thonon.fr

Gorges du Pont du Diable
✆ 04 50 72 10 39
✉ pont-du-diable@wanadoo.fr
www.les-gorges-du-pont-du-diable.com

Château de Ripaille
✆ 04 50 26 64 44
Fax 04 50 26 54 74
www.ripaillle.fr

SCIEZ
Mairie - BP 20
74140 Sciez
✆ 04 50 72 60 09
Fax 04 50 72 63 08
✉ commune.sciez@wanadoo.fr

Office de Tourisme
Port de Sciez
✆ 04 50 72 64 57
Fax 04 50 72 63 08
✉ info@tourisme-sciez.com

Les Aigles du Léman
✆ 04 50 72 72 26
www.lesaiglesduleman.fr

EXCENEVEX
Mairie
74140 Excenevex
✆ 04 50 72 81 27
Fax 04 50 72 90 41

Office de Tourisme
Rue des Ecoles
✆ 04 50 72 89 22
Fax 04 50 72 90 41
✉ ot.excenevex@free.fr
www.presquile-leman.com

YVOIRE
Mairie
74140 Yvoire
✆ 04 50 72 80 36
Fax 04 50 72 91 61
✉ mairie-yvoire@wanadoo.fr
www.cc-chablais.com

Office de Tourisme
✆ 04 50 72 80 21
Fax 04 50 72 84 21
✉ info@ot-yvoire.fr
www.yvoiretourisme.com

Labyrinthe et Jardin des 5 Sens
✆ 04 50 72 88 80
✉ mail@jardin5sens.net
www.jardin5sens.net

NERNIER
Mairie
Route de Messery
74140 Nernier
✆ 04 50 72 82 26
Fax 04 50 72 91 13
✉ manernie@nernier.mairies74.org

Syndicat d'Initiative
✆ 04 50 72 82 26
www.presquile-leman.com

CHENS SUR LEMAN
Mairie
1053 rue du Léman
74140 Chens sur Léman
✆ 04 50 94 04 23
Fax 04 50 94 25 07
✉ machens@chens-leman.mairies74.org

DOUVAINE
74 140 Douvaine
✆ 04 50 94 00 37
Fax 04 50 94 25 09
✉ info@ville-douvaine.fr
www.ville-douvaine.fr

Office de Tourisme
35, rue du Centre
✆ 04 50 94 10 55
Fax 04 50 94 36 13
✉ officetourisme@ville-douvaine.fr
www.ville-douvaine.fr

BONS EN CHABLAIS
Mairie
Fbg des Allobroges
74890 Bons en Chablais
✆ 04 50 36 10 30
Fax 04 50 39 41 89
✉ mairie-bons-en-chablais@wanadoo.fr

Château d'Avully
Brenthonne
✆ 04 50 36 11 59
www.chateauavully.com

ABONDANCE
Mairie
74360 Abondance
✆ 04 50 73 00 16
Fax 04 50 73 07 29
www.abondance.org

Office de Tourisme
✆ 04 50 73 02 90
Fax 04 50 73 04 76
✉ ot.abondance@valdabondance.com
www.abondance.org

Cloître de l'Abbaye d'Abondance
✆ 04 50 81 60 54

CHÂTEL
Mairie
74390 Châtel
✆ 04 50 73 23 98
Fax 04 50 73 27 48
✉ info@chatel.fr

Office de Tourisme
✆ 04 50 73 22 44
Fax 04 50 73 22 87
✉ touristoffice@chatel.com
www.chatel.com

MORZINE - AVORIAZ
Mairie
74110 Morzine
✆ 04 50 79 04 33
Fax 04 50 75 93 45
✉ info@morzine.fr

Office de Tourisme
La Crusaz
✆ 04 50 74 72 72
Fax 04 50 79 03 48
✉ touristoffice@morzine-avoriaz.com
www.morzine-avoriaz.com

Office de Tourisme d'Avoriaz
✆ 04 50 74 02 11
Fax 04 50 74 24 29
✉ info@avoriaz.com
www.avoriaz.com

Lac de Montriand
✆ 04 50 74 72 72

LES GETS
Mairie
74260 Les Gets
✆ 04 50 74 74 65
Fax 04 50 74 74 57
✉ info@lesgets.fr
www.lesgets.fr

Office de Tourisme
✆ 04 50 75 80 80
Fax 04 50 79 76 90
✉ lesgets@lesgets.com
www.lesgets.com

Musée de la Musique Mécanique
✆ 04 50 79 85 75
Fax 04 50 79 85 67
www.lemuseedesgets.free.fr

L'Orgue Philharmonique des Gets
✆ 04 50 79 85 75
www.lesgets.com/musee

MEGEVETTE
Mairie
74490 Megevette
✆ 04 50 35 74 32
Fax 04 50 35 78 71
✉ mairie@megevette.fr

Point d'Information Tourisme
✆ 04 50 35 74 32
Fax 04 50 35 78 71
✉ accueil@megevette.fr
www.alpesduleman.com

BELLEVAUX
Mairie
74470 Bellevaux
✆ 04 50 73 70 12
Fax 04 50 73 72 81
✉ info@bellevaux.fr

Office de Tourisme
Musée de l'Histoire de Bellevaux
Le Jardin Alpin
✆ 04 50 73 71 53
Fax 04 50 73 78 60
✉ infos@bellevaux.com
www.bellevaux.com

BOËGE
Mairie
Rue de Buorno
74420 Boëge
✆ 04 50 39 10 01
Fax 04 50 39 08 50
✉ accueil@boege.mairies74.org

Office de Tourisme
✆ 04 50 39 11 28
Fax 04 50 39 11 27
✉ valleeverte@wanadoo.fr

32, rue Servient - 69003 LYON - FRANCE - Tél. 04 72 69 80 25 - www.autrevue.net

Achevé d'imprimer en octobre 2006 - Dépôt légal 4ème trimestre 2006.